DAS JAHR DER ELEFANTEN

Cynthia Moss · Martyn Colbeck

DAS JAHR DER ELEFANTEN

Tagebuch einer afrikanischen Elefantenfamilie

Aus dem Englischen von Ilse Rothfuss

VA
VILLA ARCENO

Für Marion,
deren Enthusiasmus, Talent
und Freundschaft
so vielen von uns
unvergeßlich bleiben wird

Die Deutsche Bibliothek – CIP-Einheitsaufnahme
Das Jahr der Elefanten : Tagebuch einer afrikanischen
Elefantenfamilie / Cynthia Moss ; Martyn Colbeck. Aus dem
Engl. von Ilse Rothfuss. – 3. Aufl. – München : Frederking und Thaler, 1997
Einheitssacht.: Echo of the elephants <dt.>
ISBN 3-89405-501-4
NE: Moss, Cynthia; Colbeck, Martyn; Rothfuss, Ilse [Übers.]; EST

Erschienen bei BBC Books, London
Originaltitel: „Echo of the Elephants“

3. Auflage 1997

Produktion: Karlheinz Rau, München
Umschlaggestaltung: Michael Henn, Ottobrunn
Satz: Uhl + Massopust, Aalen
Druck und Bindung: Druckerei Uhl, Radolfzell
Das Papier und Einbandmaterial wurden aus chlorfrei gebleichtem
Zellstoff hergestellt und enthalten keine optischen Aufheller.
Printed in Germany

ISBN 3-89405-501-4

INHALT

DANKSAGUNG

Marion Zunz liebte das Leben in seiner ganzen, unbegrenzten Vielfalt. Die Wildnis hat sie von jeher fasziniert, und am allermeisten die Elefanten. Jahrelang träumte sie davon, einen Dokumentarfilm über das Verhalten der Elefanten zu machen, wobei unsere Langzeit-Studie im Amboseli-Park als Grundlage dienen sollte. Dank ihren sanften, aber hartnäckigen Überredungskünsten ging dieser Traum nach zehn Jahren schließlich in Erfüllung. Mit Marion als Produktionsleiterin nahmen wir ein insgesamt zweieinhalbjähriges Filmprojekt in Angriff, das die Amboseli-Elefanten in ihrer natürlichen Umgebung zeigen sollte. Abgesehen von ihren zwei Keniareisen war Marion auch sonst immer für uns da, sie ermutigte und unterstützte uns und setzte sich in den frustrierend fernen BBC-Studios in jeder nur erdenklichen Weise für uns ein. Und bei alledem nahm sie genausoviel Anteil am Schicksal der EB- Familie wie wir. Marion hat den Film und das Buch in ihrer endgültigen Version nicht mehr erlebt. Sie ist im Januar 1991 bei einem Skiunfall tödlich verunglückt. Aber ohne ihre Energie, ihre Intelligenz, ihre unkonventionelle Sicht der Dinge, ihren Humor und nicht zuletzt ihre nie erlahmende Begeisterung wären weder der Film noch dieses Buch zustandegekommen. Wir haben ihr das Buch gewidmet – zum Dank für alles, was sie für uns getan hat, für alles, was sie uns war.

Ein Film entsteht immer nur in Teamarbeit. Aber auch ein Buch, also ein vergleichsweise einsames Unternehmen, ist auf die Mitarbeit anderer angewiesen. Viele Persönlichkeiten und Organisationen haben uns bei den zweieinhalbjährigen Dreharbeiten und der anschließenden Realisierung des Films geholfen, genau wie bei der Entstehung und Publikation des Buchs. Was die Filmproduktion angeht, möchten wir uns bei folgenden Persönlichkeiten für ihre wertvolle Mitarbeit und Unterstützung bedanken: David Attenborough, Martin Elsbury, Angela Groves, Christina Hamilton, David Heeley, John He-

minway, Lesley Jones, Fred Kaufman, Ginny Lucas, Cathy McConnell, Linda Romano, Mike Rosenberg, Mike Salisbury, Marney Shears und John Sparks.

Das Buch verdankt seine Entstehung in hohem Maß den Bemühungen von: Sheila Ableman, Nick Copeland, Harvey Ginsberg, Tim Higgins, Frank Phillips, Anthony Sheil und Wendy Weil. Des weiteren danken wir Jane Harvey und Chris Elworthy von Canon U.K. Ltd., Mecca Ibrahim von Fuji Professional und David Cottam von Fuji Film Processing für ihre Großzügigkeit und hervorragende Arbeit, sowie Wayne Esarove und Zenith Datasystems für ihre unschätzbare Unterstützung.

Die Arbeitsbedingungen in Afrika sind nicht immer leicht; umso mehr weiß man die Freundlichkeit und Hilfsbereitschaft der Menschen dieses Kontinents zu schätzen. Ohne die Unterstützung der zuständigen Behörden und unserer vielen Freunde und Kollegen hätten wir dieses Projekt nicht durchführen können. Als erstes danken wir der Rundfunk- und Fernsehbehörde der kenianischen Regierung (Ministry of Information and Broadcasting) für die freundliche Dreherlaubnis im Land, desgleichen Richard Leakey und Joseph Mburugu vom „Kenya Wildlife Service“, die uns die Arbeit im Amboseli-Nationalpark ermöglicht haben. Im Park selbst erhielten wir wertvolle Unterstützung durch den Parkaufseher Naftali Kio und seinen Assistenten Michel Kipkeu, denen wir für ihre Gastfreundschaft danken.

Auch in Nairobi haben uns zahlreiche Menschen mit Rat und Tat zur Seite gestanden: Billy Dhillon von den Movietone Productions, Alison und Peter Cadot und die Mitarbeiter der „African Wildlife Foundation“, besonders Mark Stanley Price und Deborah Snelson. Nicht zuletzt haben uns Elizabeth McCorkle und Diana McMeekin vom AWF in Washington mit ihrer Begeisterung und Anteilnahme sehr geholfen.

Unsere Kollegen vom Amboseli-Forschungsprojekt haben uns stets nach Kräften unterstützt, und wir danken ihnen für ihr Engagement und ihre Freundlichkeit: Kadzo Kangwana, Wambua Kativa, Phyllis Lee, Keith Lindsay, Hamisi Mutinda, Peter Ngandi, Norah Wamaitha Njiraini, Joyce Poole, Deborah Ross, Soila Sayialel und Catherine Sayialel.

Schließlich möchten wir Conrad Hirsh und Heather, Josephine und Emily Colbeck unseren Dank aussprechen: Conrad für seine unermüdliche moralische Unterstützung und Anteilnahme, sowie für seine tatkräftige Hilfe in punkto Materialbeschaffung und Kommunikation, wobei seine Rettungsdienste bei unseren zahlreichen Fahrzeugpannen und sonstigen Katastrophen ganz besonders verdienstvoll waren. Und Heather und die Mädchen, die zu Hause die Stellung gehalten haben, verdienen unseren tiefen Dank für ihr Verständnis und ihre Geduld während Martyns langer Abwesenheit.

Cynthia Moss *Martyn Colbeck*

VORWORT

von Sir David Attenborough

Es dürfte recht schwierig sein, mehr über einen Elefanten in freier Wildbahn zu erfahren, als Cynthia Moss über Echo erkundet hat. Die beiden kennen sich nun seit 20 Jahren, und manchmal haben sie ganze Tage, ja Wochen miteinander verbracht. Während Cynthia sie beobachtete, führte Echo ihre Familie durch gute wie durch böse Zeiten; sie brachte sie mit ihrem Wissen und ihrer Erfahrung durch schwere Dürrejahre; sie hat viele Kälber geboren und großgezogen und ihren Schwestern und Töchtern bei der Geburt und Aufzucht ihrer eigenen Kälber beigestanden.

Noch vor gar nicht langer Zeit hätte die orthodoxe Wissenschaft auf eine solche Beziehung zwischen Tier und Tierforscher mit tiefer Skepsis reagiert. Zum einen, weil man die wissenschaftliche Objektivität durch emotionale Reaktionen gefährdet sah. Zum anderen, weil man befürchtete, daß man den Tieren menschliche Motive und Gefühle unterstellte, und das war die größte Todsünde, die ein Verhaltensforscher überhaupt begehen konnte. So wurde jedenfalls argumentiert. Denn die Wissenschaft hatte zu generalisieren, nicht zu partikularisieren.

Dann änderten sich die Dinge. Experimente mit Käfigtieren, die durch Labyrinthe laufen oder andere von den Forschern erdachte Aufgaben lösen mußten, kamen aus der Mode. Die Zoologen ließen ihre Laboratorien im Stich, um das Verhalten von Tieren in

Folgende Doppelseite: Eine Mutter mit ihrem Kalb und ein jüngeres weibliches Tier (alle drei Mitglieder einer größeren Familie) wandern bei Sonnenuntergang zu ihrem nächtlichen Weide- und Schlafplatz. Matriarchalische Familieneinheiten sind die Grundlage der Elefantengesellschaft.

ihrer natürlichen Umgebung zu erforschen. Dabei stellten sie fest, daß viele Fragen sich nur beantworten ließen, wenn man die Tiere als Individuen identifizierte. Zu diesem Zweck benutzte man unterschiedliche Markierungen – Halsbänder, Ringe um die Beine, ja sogar Tätowierungen oder Brandzeichen auf den Flanken der betreffenden Tiere. Das war nicht nur sehr zeitaufwendig und mühsam, sondern unter Umständen auch eine erhebliche Belastung der Tiere. Auch ließ es sich nur schwer in großem Maßstab durchführen. Doch dann entdeckte eine neue Generation von Feldforschern, daß es bei den einzelnen Individuen vieler Spezies winzige körperliche Unterschiede gab, so daß man sie ohne fragwürdige Eingriffe jederzeit sicher identifizieren konnte.

Dieser Fortschritt bewirkte einen radikalen Wandel in der Verhaltensforschung. Sobald es möglich war, ein Tier über längere Zeiträume zu beobachten, stellte man fest, daß viele Generalisierungen ganz einfach falsch waren. Nicht alle Individuen einer Spezies verhalten sich unbedingt gleich. Und es ist nicht immer ein unzulässiger Anthropomorphismus, wenn man manchen Tieren bestimmte Charaktereigenschaften zuschreibt. So etwas kann durchaus eine exakte Beschreibung der Wirklichkeit sein, die uns ganz neue Einsichten in das Leben vieler Spezies ermöglicht.

Echo ist sicherlich der beste Beweis dafür. Ihre Persönlichkeit wird auf diesen Seiten genauso anschaulich und lebendig wie der Charakter eines bestimmten Menschen in einer guten Biographie. Und es ist auch keine Beleidigung des Wissenschaftlers mehr, so etwas zu sagen. Im Gegenteil, es ist eine Hommage an Cynthia Moss, an die Geduld und Einfühlsamkeit, mit der sie ihre Beobachtungen durchgeführt hat. Sie hat gezeigt, daß ein Wissenschaftler objektiv und *mitfühlend* sein kann, wobei ich dieses Wort in seiner vollen, uneingeschränkten Bedeutung verstanden wissen möchte.

Die Elefanten sind heute sehr gefährdet. Sie sind die größten lebenden Landsäugetiere, und als solche brauchen sie entsprechend große Gebiete, in denen sie ungehindert umherstreifen können und genügend Nahrung finden. Aber ihr Lebensraum wird knapp, denn der Kontinent Afrika wird immer enger. Und zudem droht ihnen das kostbare „weiße Gold" zum Verhängnis zu werden, das sie an ihrem Kiefer mit sich herumtragen. Wenn die Elefanten überleben sollen, muß die Menschheit begreifen, daß wir die Erde mit diesen herrlichen Geschöpfen teilen müssen, daß sie ein Recht auf genügend Lebensraum haben. Niemand hätte das eindringlicher klarmachen können als Cynthia Moss – und Echo – in diesem brillanten, scharfsinnigen und überzeugenden Buch.

EINLEITUNG

Echo ist weder eine besonders große noch besonders wohlproportionierte Elefantenkuh, aber trotzdem ist sie sehr schön. Sie hat lange, anmutig geschwungene Stoßzähne, die sich vorne an der Spitze überkreuzen. Beim Gehen wiegt sie den Kopf im Rhythmus ihrer Schritte hin und her, so daß eine schöne, fließende Bewegung entsteht. Echo ist die gelassene, sanfte Anführerin einer Elefantenfamilie, die im Amboseli-Nationalpark im südlichen Kenia lebt.

Dieses Buch erzählt Echos Geschichte. Es ist ein Versuch, Einblicke in das Leben einer Elefantenfamilie zu geben, und zwar über einen Zeitraum von 18 Monaten, von Januar 1990 bis Juni 1991. Martyn Colbeck und ich sind Echo und ihrer Sippe auf ihren Wanderungen gefolgt. Im Auftrag der BBC haben wir sie beobachtet, fotografiert und gefilmt, woraus dann ein Dokumentar-Film über das Verhalten von freilebenden Elefanten entstanden ist.

Folgende Doppelseite: Der Kilimandscharo beherrscht die Landschaft und Ökologie des Amboseli-Parks: Das Regenwasser, das auf den Berg fällt, sickert durch unterirdische Wasseradern in den Park, wo es in Form von Quellen, Flüssen, Sümpfen und Tümpeln wieder auftaucht und zahlreichen Wildtierarten Nahrung und Wasser bietet.

Amboseli

Echos Familie, unter dem Codenamen „EB“ bekannt, ist eine von den 50 Elefantenfamilien, die im Amboseli-Nationalpark und Umgebung leben. Für afrikanische Verhältnisse ist es ein ziemlich kleiner Park, nur 390 Quadratkilometer groß, und den größten Teil davon nimmt das alljährlich zwei Mal überschwemmte Bett des Amboselisees ein, der vor 10 000 Jahren ausgetrocknet ist. Mit 300 Millimeter Regen pro Jahr müßte der Park eigentlich eine Wüste sein, und tatsächlich sieht das alte Seebecken die meiste Zeit des Jahres so tot und trocken aus wie die Sahara. Und doch gehört der Amboseli-Park zu Kenias artenreichsten Naturgebieten, denn der 5895 m hohe Kilimandscharo mit seinem Schneereservoir liegt in unmittelbarer Nähe, nicht einmal 40 km weit weg. Er speist die Sümpfe und Quellen des Amboseli-Parks kontinuierlich mit frischem, klarem Wasser – es sind Tausende von Litern pro Minute –, das in unterirdischen Wasseradern transportiert wird. Die geringen Niederschläge im Verein mit den unterirdischen Wasserläufen machen den Amboseli-Park zu einer Landschaft der Kontraste: Kahle, staubige Ebenen wechseln abrupt mit Baumgruppen, Papyruswäldern und saftigem, grünem Schwemmland.

Die Sümpfe und Quellen des Amboseli-Parks werden seit Jahrhunderten von den dort lebenden Wildtieren und von den Menschen und ihren domestizierten Herden genutzt. In den letzten 400 – 500 Jahren wurde das Gebiet von den Massai beherrscht, einem Volk von Kriegern und Hirten, die manchmal Wildtiere jagen, aber nicht um ihres Fleisches oder der Trophäen willen. Die Massai leben in bemerkenswerter Harmonie mit der Natur, weshalb die von ihnen durchstreiften Gebiete ein Paradies für Tierbeobachter sind. Aus der mündlich überlieferten Geschichte der Massai können wir entnehmen, daß sie von Anfang an die Sümpfe des Amboseli-Parks gemeinsam mit den Wildtieren bewohnten. Von alters her konzentrierten sich die Massai und die wandernden Pflanzenfresser – Elefanten, Büffel, Wildebeestes, Zebras, Gazellen – in der Trockenzeit in und um die Sümpfe herum, während sie sich in der Regenzeit über das ganze Umland verteilten. Dieses Umland ist zehnmal so groß wie der eigentliche Park (ca. 3 000 Quadratkilometer) und lebensnotwendig für die Tiere, die sonst nicht in so großer Zahl überleben könnten.

Seit den 30er Jahren kommen Touristen in den Park – Großwildjäger waren sogar noch früher aufgetaucht. Es war dort verhältnismäßig leicht, Tiere zu fotografieren und zu schießen. 1974 wurde ein großer Teil des Gebiets um die Sümpfe herum zum

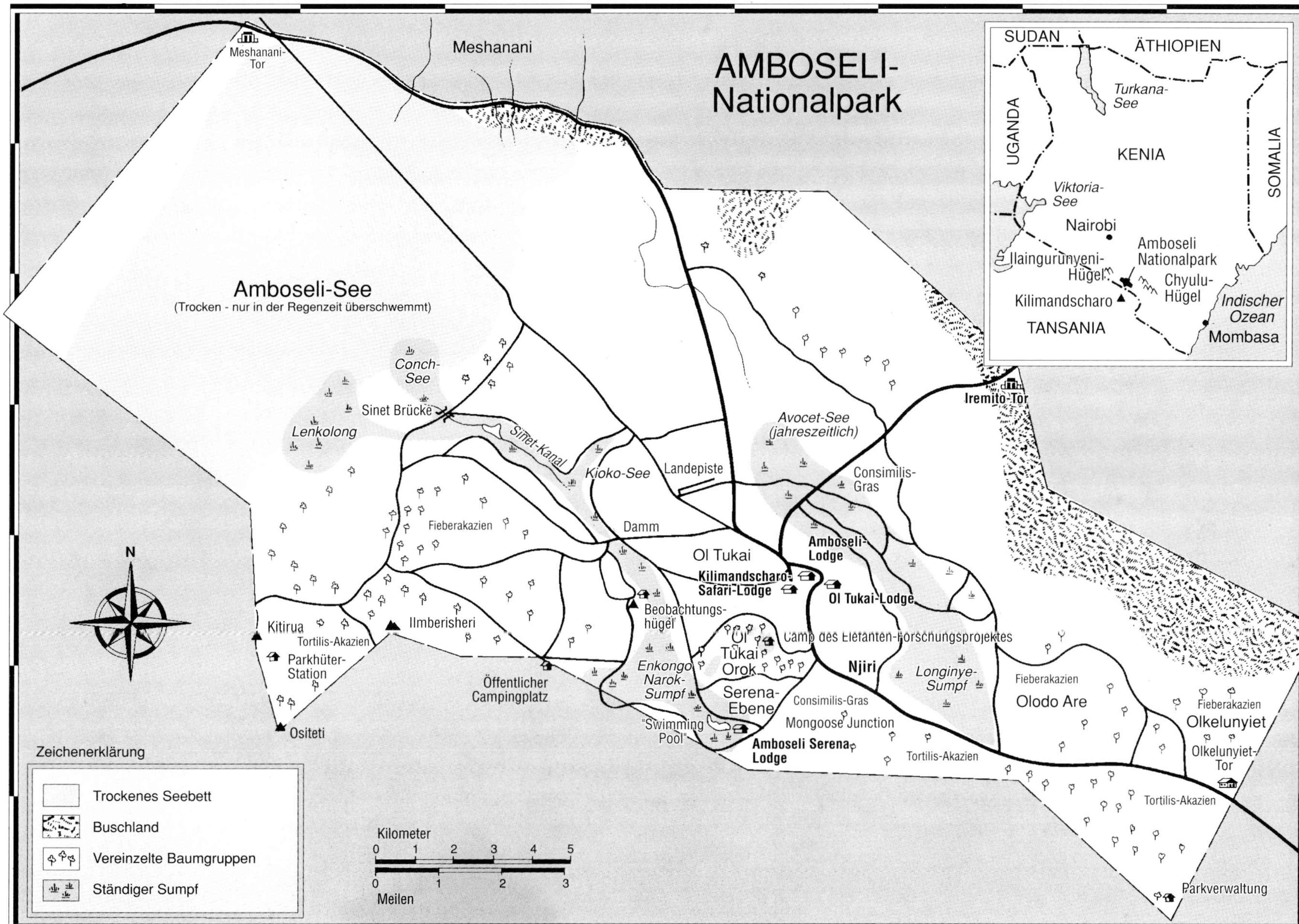
AMBOSELI-
Nationalpark
Meshanani
Meshanani-
Tor
Amboseli-See
(Trocken - nur in der Regenzeit überschwemmt)
Conch-
See
Sinet Brücke
Lenkolong
Sinet-Kanal
Kioko-See
Landepiste
Avocet-See
(jahreszeitlich)
Consimilis-
Gras
Iremito-Tor
Fieberakazien
Damm
Ol Tukai
Amboseli-
Lodge
Kilimandscharo-
Safari-Lodge
Ol Tukai-Lodge
Beobachtungs-
hügel
Kitirua
Tortilis-Akazien
Ilmberisheri
Parkhüter-
Station
Öffentlicher
Campingplatz
Ol
Tukai
Orok
Camp des Elefanten-Forschungsprojektes
Enkongo
Narok-
Sumpf
Serena-
Ebene
Njiri
Longinye-
Sumpf
Fieberakazien
Olodo Are
Fieberakazien
Olkelunyiet
Consimilis-Gras
Mongoose Junction
"Swimming
Pool"
Amboseli Serena
Lodge
Tortilis-Akazien
Olkelunyiet-
Tor
Tortilis-Akazien
Ositeti
N
Parkverwaltung
Zeichenerklärung
Trockenes Seebett
Buschland
Vereinzelte Baumgruppen
Ständiger Sumpf
Kilometer
0 1 2 3 4 5
0 1 2 3
Meilen
SUDAN
ÄTHIOPIEN
Turkana-
See
UGANDA
KENIA
SOMALIA
Viktoria-
See
Nairobi
Amboseli
Nationalpark
Ilaingurunyeni-
Hügel
Chyulu-
Hügel
Kilimandscharo
Indischer
Ozean
Mombasa
TANSANIA

Oben und unten: Elefanten trinken normalerweise einmal am Tag, aber zu bestimmten Jahreszeiten und in bestimmten Lebensräumen können sie auch ein bis zwei Tage ohne Wasser auskommen. Im Amboseli-Park gibt es immer genug Wasser, und deshalb sind Trinkpausen eine entspannte und gesellige Angelegenheit.

Mr. Nick, ein etwa 35 Jahre alter erwachsener Bulle, überquert eine der großen, offenen Pfannen im Amboseli-Park. Männliche Elefanten werden mit ungefähr 14 Jahren „unabhängig“, das heißt, sie verlassen ihre Familien und ziehen allein herum oder schließen sich mit anderen Bullen zu einer lockeren Gruppe zusammen.

Nationalpark erklärt, und die Massai mußten ihr Land verlassen. Als Entschädigung wurden ihnen Wasserleitungen und Geldmittel zur Verfügung gestellt. Es war kein besonders glückliches Arrangement, weshalb es immer wieder vorkommt, daß die Massai Elefanten, Nashörner und andere Großtiere speeren. Damit stellen sie traditionell ihre Tapferkeit unter Beweis, mittlerweile aber ist es auch als politischer Protestakt gemeint. Zum Glück sind solche Zwischenfälle relativ selten, und man findet im Amboseli-Park noch immer eine große Anzahl von leicht zugänglichen, nicht übermäßig scheuen Tieren. Der Amboseli-Park ist auch eines der wenigen Gebiete, in dem die Elefanten vor Wilderern einigermaßen sicher sind, weil die Massai wenig Verständnis dafür haben, daß Außenseiter ihren Wildtierbestand dezimieren.

Das Amboseli-Elefanten-Projekt

Die Amboseli-Elefanten sind mittlerweile die besterforschten in ganz Afrika. Ich hatte sie im September 1972 für eine detaillierte Langzeitstudie ausgewählt, die ich bis heute weiterführe.

Meine Wahl fiel deshalb auf die Amboseli-Elefanten, weil sie zu den letzten noch intakten Tierpopulationen in Afrika gehören. Mein Ziel war von Anfang an, Basisinformationen über die Verhaltensweisen von Elefanten zu sammeln, die weder in eng begrenzten Schutzgebieten zusammengedrängt sind noch durch massive Wilderei beeinträchtigt werden wie die meisten anderen Elefantenpopulationen auf dem Kontinent. Das heißt, ich wollte Elefanten in einem relativ natürlichen Ökosystem beobachten, wo sie mehr den Zwängen ihrer Umwelt als menschengemachten Zwängen ausgesetzt sind, und ich hoffte, daß meine Daten Rückschlüsse auf den Zustand der weniger privilegierten Populationen in anderen Gebieten zulassen würden. Durch die exzessive Wilderei in den 80er Jahren erhielt gerade dieser Aspekt unserer Studie eine traurige Aktualität.

Das Amboseli-Projekt geht jetzt in sein zwanzigstes Jahr. Mit Hilfe von Kollegen, Studenten und wissenschaftlichen Hilfskräften konnte ich die Studie ohne Unterbrechung bis heute weiterführen. Über 1200 Elefanten wurden dabei identifiziert und mit einem Namen, einer Nummer oder einem Codewort gekennzeichnet. Derzeit sind 755 lebende Individuen registriert, über die Hälfte davon mit Altersangabe – das heißt, ihre

Geburt wurde uns mit einer Verzögerung von höchstens einem Monat bekannt. Ihre Mütter sind ebenfalls bekannt, desgleichen ihre Schwestern, Brüder, Tanten, Onkel, Nichten und Neffen mütterlicherseits. Die Väter und Verwandten aus der väterlichen Linie lassen sich weniger leicht ermitteln. Trotzdem stellen die Aufzeichnungen über die Verwandtschaftsgrade der Amboseli-Elefanten einen unschätzbaren und einzigartigen Beitrag zur Erforschung wildlebender Populationen dar. Und außerdem macht es die Sache so spannend wie eine Fernsehserie oder eine verwickelte Familiensaga.

Elefantenkühe und ihre Kälber leben in Familieneinheiten. Bei den Amboseli-Elefanten hat eine Familie im Durchschnitt 11 Mitglieder. Eine Familie besteht aus untereinander verwandten weiblichen Erwachsenen und ihrem Nachwuchs, wobei die Bandbreite vom neugeborenen Kalb bis zum 10–11jährigen männlichen oder weiblichen Heranwachsenden reicht. Die Familienbande sind sehr eng, besonders zwischen den weiblichen Erwachsenen. Jede Familie wird von der ältesten Elefantenkuh geführt, der sogenannten Leitkuh. Weibliche Kälber bleiben bei der Familie, auch wenn sie bereits erwachsen sind, und bekommen mit 12 oder 13 Jahren ihre eigenen Kälber. Männliche Jungtiere verlassen die Familie, wenn sie ihre Geschlechtsreife erreicht haben, also mit etwa 14 Jahren. Sie werden dann als „unabhängige Bullen" eingestuft. Im Unterschied zu den Kühen schließen sich die Bullen nur vorübergehend zu lockeren Gruppen zusammen. Im allgemeinen sind es die über dreißigjährigen Bullen, die sich mit den Kühen paaren und Kälber zeugen.

Weil Bullen keine dauerhaften Gruppen bilden, habe ich sie in der Amboseli-Studie im Unterschied zu den weiblichen Elefanten als Individuen registriert. Das heißt, der erste Bulle, den wir fotografierten, bekam die Nummer M1, der zweite M2 und so fort. Inzwischen sind wir bei M454 angekommen. Alle Daten sind auf Computerbögen gespeichert. Es gibt derzeit 177 erwachsene Bullen, wovon die meisten auch mit einem Namen

Folgende Doppelseite: Die EB-Familie beim Ausruhen; auf dem Foto sind neun Familienmitglieder zu sehen (von links nach rechts): Echo, Ella, Eric, Ewan, Edgar, Enid, Eliot, Eudora und Erin. Anfang 1990 bestand die Familie aus 14 Mitgliedern, was knapp über der Durchschnittsgröße der 50 Familieneinheiten im Amboseli-Park liegt.

registriert sind. Weibliche Elefanten werden nach Familienzugehörigkeit katalogisiert, und jede Familie hat einen Buchstaben-Code. Anfangs ordnete ich jeder Familie nur einen Buchstaben zu, aber als ich bei 27 angekommen war, mußte ich zwei Buchstaben verwenden, zum Beispiel AA, AB, BA und BB. Jeder weibliche Elefant bekommt einen Namen, der mit dem Familien-Buchstaben beginnt. So heißen die Mitglieder der Familie AA zum Beispiel Amy, Abigail, Amelia und so weiter. Für die Datenspeicher wurden ihre Namen auf einen Drei- Buchstaben-Code gekürzt: AMY, ABY, AME usw. Insgesamt leben 578 Kühe und Kälber in den 50 Familieneinheiten im Amboseli-Park.

Unser Wissensstand ist nicht bei allen 50 Familien der gleiche, denn bei einigen haben wir die Familiengeschichte genauer verfolgt als bei anderen. Am besten bekannt sind die etwa 30 Familien, die sich die meiste Zeit im eigentlichen Park aufhalten, vorzugsweise in und um die beiden größten Sumpfgebiete herum – Longinye und Enkongo Narok. Die restlichen 20 Familien verbringen mehr Zeit in den Randzonen und sind weniger oft zu sehen. Alle Forscher, die an dem Projekt beteiligt sind und waren, haben ihre Lieblingsfamilien (und -bullen), wobei es sicherlich auch auf die Zugänglichkeit der Familie ankommt. Aber es gibt außerdem ganz subjektive und weniger faßbare Gründe für dieses Phänomen: Manche Familien sind eben einfach liebenswerter als andere. Vermutlich sprechen wir dabei ebenso auf die Familie als Ganzes wie auf den Charakter der Leitkuh an.

Die EB-Familie

Als ich meine Kollegen fragte, welche Familie sie für einen Dokumentarfilm auswählen würden, waren sich alle sofort einig: die AAs, die EBs oder die JAs. Und von diesen drei Familien waren die EBs die unbestrittenen Favoriten. Ich hatte für mich bereits dieselbe Wahl getroffen und fragte mich jetzt, warum uns gerade diese drei Familien eingefallen waren. Der erste Grund war wohl der, daß sie alle einen ziemlich regelmäßigen Wanderrhythmus hatten, es also relativ leicht war, ihnen folgen. Außerdem waren die EBs mit unseren Fahrzeugen vertraut, und zwar so gut, daß sie manchmal sogar herkamen und uns begrüßten. Und nicht zuletzt hatten alle drei Familien sehr markant aussehende und ausgesprochen „sympathische" Anführerinnen. Der Ausdruck mag vielleicht etwas seltsam klingen, aber Elefanten haben tatsächlich eine sehr ausgeprägte und unverwechselbare „Persönlichkeit“. Mit unserer strengen quantitativen Datensammlung können wir das Verhalten der Elefanten objektiv beschreiben und analysieren, aber gleichzeitig gewinnen wir subjektive Eindrücke von einzelnen Individuen, die uns für oder gegen sie einnehmen.

Familiengeschichte: 1973 – 1988

1973–1975 In der Anfangsphase unseres Projekts hatte ich meinen Stützpunkt in Nairobi und arbeitete nur auf Teilzeitbasis an der Studie. Im August 1973 sah ich die EBs zum erstenmal. Bei diesem Besuch fotografierten mein Kollege Harvey Croze und ich mehrere Elefanten, unter anderem auch eine Elefantenkuh mit knochigen Schultern und auffällig tiefgehaltenem Kopf. Im November desselben Jahres fotografierten wir sie wieder. Diesmal war sie mit einer älteren Kuh zusammen, die uns durch ihre U-förmigen Kerben am rechten Ohr auffiel. Ich sah die beiden Elefanten in den nächsten Monaten mehrmals zusammen. Sie gehörten anscheinend zu einer kleinen Familie von ungefähr 7 Mitgliedern.

Im April 1973 beschlossen Harvey und ich, drei erwachsene Elefantenkühe mit kleinen Radiosendern auszustatten, um ihre Wanderbewegungen festzuhalten. Wir fingen mit unserer Suche beim Longinye-Sumpf im Osten des Parks an und stießen als erstes auf die Familie mit dem „Duckkopf“ und dem „U-Kerben-Ohr“. Wir wählten die ältere Kuh mit der Kerbe im rechten Ohr aus, die Leitkuh der Familie, und der Tierarzt betäubte sie mit einem präparierten Pfeil. Das Halsband war schnell befestigt, wir machten noch ein paar Messungen, und dann bekam die Elefantin ein Gegengift. In wenigen Minuten war sie wieder auf den Beinen und eine knappe Stunde später wieder bei ihrer Familie zurück. Obwohl die Familie sichtlich große Angst hatte, war sie die ganze Zeit in der Nähe geblieben und hatte uns aus einer Entfernung von etwa 200 Metern aufgeregt beobachtet. An diesem Tag hatten wir ausreichend Gelegenheit, die Familie genauer zu studieren und ihre Altersstruktur festzuhalten. Es gab zwei erwachsene Elefantenkühe, zwei Halbwüchsige, ein männliches und ein weibliches Tier, und drei Kälber – jeweils ungefähr zwei, fünf und sechs Jahre alt. Weil wir die Elefanten oft

Oben und rechts:
Echo mit ihren langen, gebogenen Stoßzähnen ist ebenso schön wie unverwechselbar. Sie ist auch außergewöhnlich sanft und zurückhaltend und bei alledem eine weise und erfahrene Anführerin, die ihre Familie seit über 19 Jahren sicher durch alle Gefahren bugsiert.

mit einer anderen Familie, den EAs, zusammen antrafen, gaben wir ihnen den Namen EB. Die Leitkuh nannten wir „Echo" – wegen der Geräusche, die ihr Funksender machte –, und die andere Elefantin mit dem tiefgehaltenen Kopf tauften wir Emily.

Die Spurensicherung per Funk erwies sich als äußerst aufschlußreich. Zwei von den drei mit Funkgeräten ausgestatteten Kühen bewegten sich je nach Jahreszeit in und außerhalb des Parks, während Echo offenbar eine richtige „Stubenhockerin" war. Selbst bei schweren Regenfällen, wenn alle anderen Elefanten den Park verließen, konnte man Echo und ihre Familie im Longinye-Sumpf oder in den Ol-Tukai-Orok-Wäldern im Zentrum des Parks antreffen. Dieser Hang zur Seßhaftigkeit mag damals eine kluge Taktik gewesen sein. Denn in den 70er Jahren erreichte die Wilderei einen Höhepunkt, und es war gefährlich für die Elefanten, sich aus dem Park herauszuwagen. Die anderen beiden Elefantenkühe wurden getötet; Echo lebt heute noch.

Als ich 1975 einen festen Stützpunkt im Park einrichtete, kannte ich die EBs schon ziemlich gut. Im Lauf dieses Jahres verließen zwei männliche Halbwüchsige die Familie, so daß nur noch sechs Mitglieder übrigblieben. Aus der Schulterhöhe und der Entwicklung der Stoßzähne, sowie aus ihrem jeweiligen Verhalten konnte ich Rückschlüsse auf das Alter dieser sechs Mitglieder ziehen. Daraus ergab sich die folgende Familienstruktur:

Echo	Erwachsenes Weibchen (ungefähr 30 Jahre alt)
Erin	Weibliches Kalb (6 Jahre alt)
Emily	Erwachsenes Weibchen (ungefähr 25 Jahre alt)
Eudora	Weibliches Kalb (3 Jahre alt)
Little Male	Männliches Kalb (7 Jahre alt)
Ella	Weibliche Heranwachsende (10 Jahre alt)

Was den Verwandtschaftsgrad zwischen Echo, Emily und Ella anging, konnte ich nur Vermutungen anstellen. Als Ellas Mutter kam möglicherweise Echo in Frage, nicht aber Emily, denn Kälber werden im allgemeinen in einem Abstand von vier bis fünf Jahren geboren. Möglicherweise waren aber auch alle drei die Töchter einer älteren, inzwischen verstorbenen Elefantenkuh.

Nachfolgend habe ich die wichtigsten Ereignisse im Leben der EBs bis zum Jahre 1988 zusammengefaßt:

1976 Die Umweltbedingungen können im Amboseli-Park von einem Jahr zum andern sehr stark variieren, was u. U. tiefgreifende Auswirkungen für die Elefanten hat. In diesem Jahr herrschte eine schlimme Dürre, und die Hälfte der Elefantenkälber starb. Echo und Emily brachten beide Kälber zur Welt, aber nur Echos Sohn Eamon überlebte.

1977–80 In dieser Zeit waren die Niederschläge überdurchschnittlich hoch, und gleichzeitig hörte die Wilderei auf. Es waren also sehr gute Jahre für die Amboseli-Elefanten. Viele Kühe kamen 1977 in den Östrus (Empfängnisbereitschaft) und paarten sich, so daß es 1978–79 einen regelrechten Babyboom gab. Ella, die eben erst ihre Geschlechtsreife erreicht hatte, wurde als eine der ersten schwanger. Eric, ihr erstes Kalb, kam im Dezember 1978 zur Welt. Emily bekam 1980 ebenfalls ein männliches Kalb.

1981–83 Die Regenfälle blieben in diesen Jahren weiterhin gut oder zumindest durchschnittlich, und es wurden noch mehr Kälber geboren. 1982 bekam Echo ein weibliches Kalb, das wir Enid tauften; Ella ein männliches Kalb namens Ewan; und Echos Tochter Erin brachte mit 13 Jahren ihr erstes Kalb, Edwina, zur Welt. 1983 hatte sich Little Male unabhängig gemacht und wurde nicht mehr als Familienmitglied gezählt. Im Oktober 1983 bekam Emily ein weibliches Kalb.

1984 Eine langanhaltende Dürre und wiederholte Überfälle durch die Massai verursachten schwere Verluste unter den Amboseli-Elefanten. In einigen Familien gab es bis zu fünf Tote. Emilys Kalb starb im Juli, aber sonst schlugen sich die EBs erstaunlich gut.

1985 Die Dürre ging Gott sei Dank zu Ende, und die Elefanten erholten sich schnell. Aber leider gab es bei den EBs einen traurigen Verlust: Echos Sohn Eamon verschwand spurlos, möglicherweise wurde er von einem Massai-Krieger gespeert.

Im Durchschnitt bringen die Amboseli-Elefanten alle vier bis fünf Jahre ein Kalb zur Welt. Manche bekommen schon nach drei Jahren ein neues Kalb, andere erst nach einer Pause von neun Jahren. Erins Tochter Eleanor wurde nur zwei Jahre und sieben Monate nach Edwina geboren – die kürzeste Interimszeit, die wir bisher registriert haben. Echo kam gleich danach: Sie brachte im April ihre Tochter Eliot zur Welt, als ihr älteres Kalb Enid erst drei Jahre und drei Monate alt war.

1986–88 In dieser Zeit gab es keine Dürre und keine Überfälle, und Ella und die äußerst fruchtbare Erin bekamen Nachwuchs. Außerdem brachte Eudora mit sechzehn Jahren, also relativ spät, ihr erstes Kalb, Elspeth, zur Welt. Ende 1988 war demnach die Familie auf stolze 15 Mitglieder angewachsen.

Familiengeschichte: 1989

Das Jahr 1989 fing zunächst sehr gut an: Im März bekam Emily ein männliches Kalb, das wir Edo nannten. Aber sechs Monate später passierte ein Unglück, das tiefgreifende Folgen für die Familie hatte. Am 8. September stellten wir fest, daß Emily verschwunden war, während Edo und sein älterer Bruder Emo immer noch bei der Familie gesehen wurden. Das konnte nur bedeuten, daß Emily verletzt oder tot war. Meine Kollegin Joyce Pool suchte Emily per Auto und Flugzeug, und schließlich fand sie ihren Kadaver unter einer ganzen Heerschar von Aasgeiern.

Bei der Untersuchung stellte sich heraus, daß Emily weder durch eine Kugel noch durch einen Speer umgekommen war, sondern durch menschliche Fahrlässigkeit. Es gibt Touristen-Lodges im Amboseli-Park, und die Leute, die sie führen, gehen manchmal ziemlich leichtfertig mit ihren Abfällen um. So passiert es, daß Elefanten und Affen von herumliegenden Essensresten in die offenen Abfallgruben gelockt werden. Eine dieser Abfallgruben liegt in der Nähe der Marschroute der EBs vom und zum Longinye-Sumpf. Emilys Kadaver wurde nur 100 Meter weiter weg gefunden. Ihr Magen enthielt Flaschenhälse, Glas, Plastik, gebrauchte Batterien und viele andere gefährliche Gegenstände, so daß sich nicht mehr feststellen ließ, welcher davon ihre Eingeweide durchbohrt hatte. Es war jedenfalls eine schreckliche Art zu sterben.

Emilys Tod war das bislang schlimmste Unglück im Leben der EB-Familie. Wenn ein Kalb stirbt, ist das bestimmt sehr traurig für die Mütter, aber der Tod einer erwachsenen Elefantenkuh bringt die ganze Familie aus dem Gleichgewicht. Als zweitälteste Erwachsene in der Familie war Emily Echos engste Verbündete. Außerdem war sie die Mutter von Eudora, Emo und Edo und die Großmutter von Elspeth, und nicht zuletzt eine wertvolle „Lehrerin" für alle jüngeren Familienmitglieder. Am schlimmsten traf es natürlich Edo. Das jüngste Waisenkind, das im Amboseli-Park den Tod seiner Mutter

In meinem blauen Landrover werde ich von den Amboseli-Elefanten als Teil ihrer Umgebung akzeptiert. Seit 20 Jahren verfolgen wir die Geschichte der einzelnen Individuen, indem wir alle wichtigen Ereignisse in ihrem Leben festhalten.

überlebt hatte, war 26 Monate alt gewesen. Mit sechs Monaten knabberte Edo zwar auch schon an Pflanzen herum, aber Milch war immer noch seine Hauptnahrung. Er versuchte jetzt bei seiner Schwester Eudora zu trinken, doch sie wehrte ihn energisch ab. In den nächsten zwei Wochen wurde er so dünn, daß alle Knochen hervorstachen, und natürlich wurde er zusehends schwächer und apathischer. Schließlich nahm Joyce Kontakt mit der kenianischen Naturpark-Behörde (Kenya's Wildlife Conservation and Management Department) auf. Sie schickten eine Rettungsmannschaft, die Edo einfing und in das „Elefanten-Waisenhaus" in Nairobi brachte. Nach ein paar Wochen erholte sich Edo wieder. Inzwischen lebt er mit anderen Kälbern im Tsavo-Nationalpark. Die meisten dieser Kälber sind von Wilderern zu Waisen gemacht worden. Wenn sie groß genug sind, sollen sie in die Wildnis zurückgebracht werden.

Als Edo im September 1989 seine Mutter verlor, war ich in Nairobi, wo ich meine Zeit damit verbrachte, die Weltöffentlichkeit aufzurütteln und auf das Elend der Elefanten

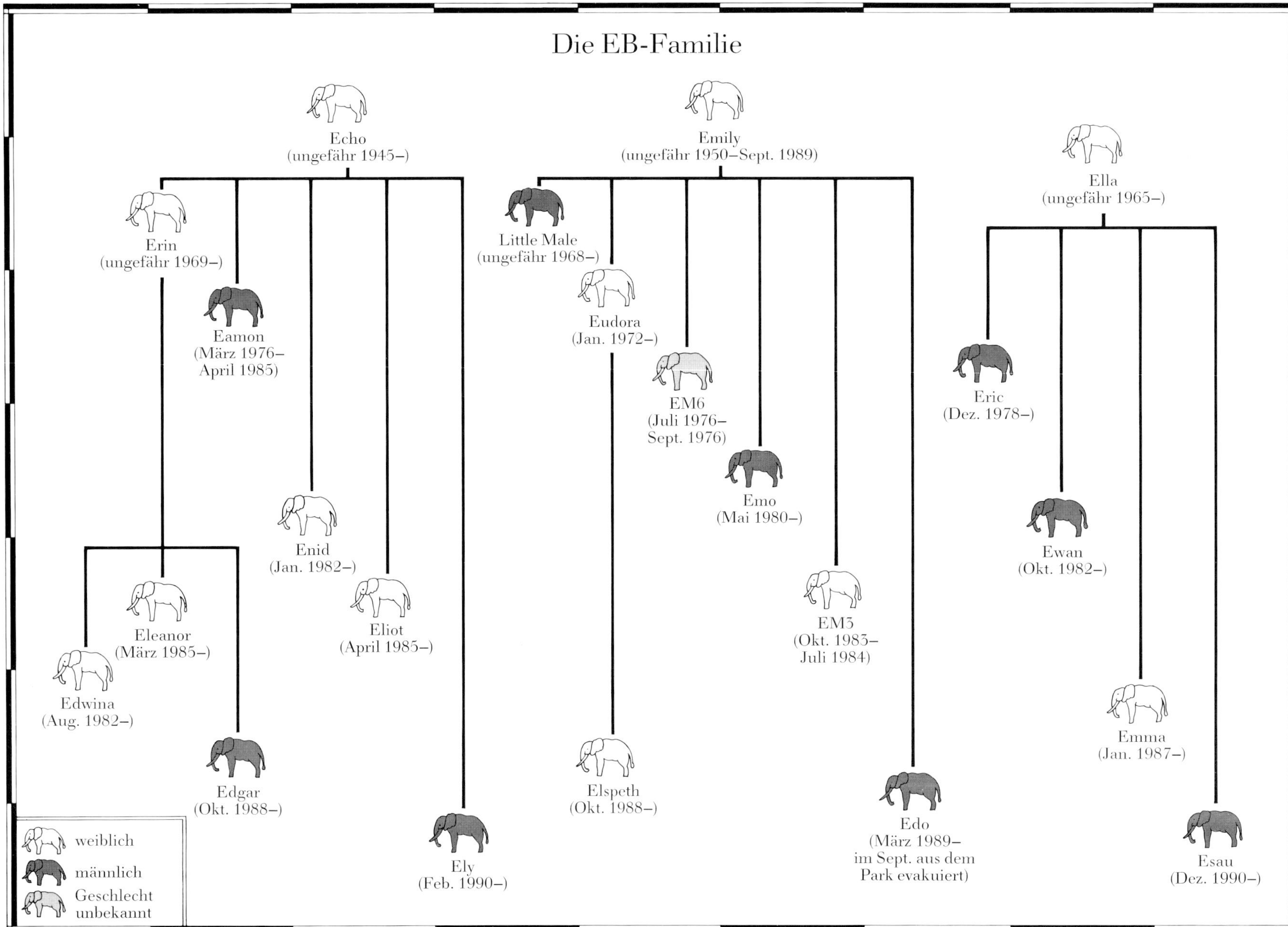
Die EB-Familie
Echo
(ungefähr 1945–)
Emily
(ungefähr 1950–Sept. 1989)
Ella
(ungefähr 1965–)
Erin
(ungefähr 1969–)
Little Male
(ungefähr 1968–)
Eamon
(März 1976–
April 1985)
Eudora
(Jan. 1972–)
EM6
(Juli 1976–
Sept. 1976)
Eric
(Dez. 1978–)
Emo
(Mai 1980–)
Enid
(Jan. 1982–)
Ewan
(Okt. 1982–)
Eleanor
(März 1985–)
Eliot
(April 1985–)
EM3
(Okt. 1983–
Juli 1984)
Edwina
(Aug. 1982–)
Emma
(Jan. 1987–)
Edgar
(Okt. 1988–)
Elspeth
(Okt. 1988–)
Edo
(März 1989–
im Sept. aus dem
Park evakuiert)
Ely
(Feb. 1990–)
Esau
(Dez. 1990–)
weiblich
männlich
Geschlecht
unbekannt

aufmerksam zu machen. Die exzessive Elfenbeinwilderei stellte das Überleben der afrikanischen Elefanten ernsthaft in Frage. Im Oktober flog ich in die Schweiz, um an der Genfer Artenschutz-Konferenz (CITES – Convention on International Trade in Endangered Species) teilzunehmen. Nach erbitterten Kämpfen wurde der Elfenbeinhandel schließlich weltweit verboten. Aber ich wußte, daß dieses Verbot allein nicht ausreichte; die Wilderei würde nur aufhören, wenn es keine Nachfrage nach Elfenbein mehr gab. Man mußte also in erster Linie die Leute aufrütteln und aufklären. Mit diesem Hintergedanken reiste ich nach London, um mit der BBC ein Filmprojekt über das Leben der Elefantenfamilien im Amboseli-Park auszuhandeln.

Bei der BBC traf ich auf die Produzentin Marion Zunz und den Kameramann Martyn Colbeck. Ich kannte Marion seit acht Jahren und schätzte ihre Arbeiten sehr. Sie hatte schon immer einen Elefantenfilm mit mir machen wollen, und wir hatten im Lauf der Jahre oft darüber geredet.

Ende November kehrte ich in den Amboseli-Park zurück und machte mich sofort auf die Suche nach den künftigen „Filmstars". Ich spürte die EBs beim Überqueren einer offenen Senke auf: Echo an der Spitze, gefolgt von ihren Töchtern, Enkelinnen, Enkeln, Nichten und Neffen. Es war traurig, daß Emily nicht mehr unter ihnen war, und ich fragte mich, wie die Familie wohl ohne sie zurechtkommen würde – besonders Emilys Tochter, Sohn und Enkelin, Eudora, Emo und Elspeth. Bei dieser Gelegenheit hielt sich Eudora mit der einjährigen Elspeth im Mittelfeld der Gruppe, während Emo das Schlußlicht bildete.

Eine junge Elefantenkuh, deren Mutter stirbt, wird manchmal in eine Außenseiterrolle innerhalb der Familie gedrängt, so daß sie mit ihren Kälbern immer öfter eigene Wege geht. In Notzeiten, zum Beispiel während einer Dürre, fallen solche Einzelgänger dem Nahrungsmangel als erste zum Opfer. Eine so junge Elefantenmutter wie Eudora würde vermutlich nicht sehr gut alleine zurechtkommen, und Elspeth hätte kaum eine Chance, das Erwachsenenalter zu erreichen. Wie sich die Sache in diesem Fall entwikkelte, würde ich ja in den nächsten Monaten beobachten können. Im Augenblick wirkte die EB-Familie noch immer sehr geschlossen. Echo war eine weise alte Leitkuh, und ich vertraute darauf, daß sie die Familie zusammenhielt. Die EBs und ihr Schicksal nahmen mich wie immer völlig gefangen, und ich freute mich darauf, die nächsten achtzehn Monate in ihrer Nähe zu verbringen.

ZWISCHEN DEN REGENFÄLLEN

Januar bis Anfang März 1990

Januar

In vielen Teilen Afrikas regnet es nur in bestimmten Monaten, den sogenannten Regenzeiten, während das restliche Jahr über wenig oder gar kein Regen fällt. Im Amboseli-Park gibt es zwei Regen- und zwei Trockenzeiten im Jahr. Die erste Regenzeit – „die langen Regen“ – dauert von Mitte März bis Anfang Juni. Dann folgt eine ausgedehnte Trockenzeit von Mitte Juni bis Mitte Oktober. Ende Oktober setzt die zweite Regenzeit mit den „kurzen Regen“ ein, die nur bis Anfang Dezember dauert. Zwischen der kurzen und der langen Regenzeit liegt wiederum eine kurze Trockenzeit, obwohl es zwischen Dezember und März auch vereinzelt Niederschläge geben kann.

Mit der kurzen Trockenzeit dieses Jahres begann zugleich ein neues Jahrzehnt. Ich war viel optimistischer als Anfang 1989, denn damals hatte die Wilderei einen traurigen Höhepunkt erreicht. Jetzt war der Elfenbeinhandel verboten, ich konnte meine Aufklärungsarbeit eine Weile zurückstellen und mehr Zeit im Amboseli-Park verbringen. Und ich freute mich sehr darauf, eine einzige Familie über lange Zeiträume beobachten zu können. Ich hatte zwar schon unzählige Stunden damit verbracht, Elefanten zu beobachten, aber für eine wissenschaftliche Studie muß man Daten über möglichst viele Elefanten sam-

Eliot schaut ihre Beobachter ruhig an, während Emma und Eudora kaum zwei Meter weit weg unbeteiligt dastehen. Die EBs vertrauen uns – nur so war es uns möglich, das Leben dieser Familie kennenzulernen und über längere Zeiträume zu verfolgen.

meln, bevor man irgendwelche Schlüsse ziehen kann. Daß ich mich jetzt auf eine kleine Anzahl von Individuen konzentrieren durfte, war eine ganz neue Erfahrung für mich, die mir zweifellos auch ganz neue Einsichten in das Leben der Elefanten bringen würde.

Im Januar kamen Marion Zunz und Martyn Colbeck (Produzentin und Kameramann der BBC) in Kenia an. Wir brachen am Morgen des 16. Januar in Nairobi auf und erreichten am Nachmittag den Amboseli-Park. Der Park zeigte sich von seiner besten Seite, alles war grün und üppig nach den November- und Dezemberregen. Der Himmel war wolkenlos wie meistens im Januar, und wir konnten den Kilimandscharo in all seiner Pracht bewundern – er schien fast zum Greifen nahe. Um die Straße zu meinem Camp zu erreichen, mußten wir die Serena-Ebene überqueren, und dabei stießen wir auf eine riesige Elefantenherde. Es waren über 200 Tiere, mindestens zwölf Familien und mehrere Bullen – ein atemberaubender Anblick. Langsam und wie ein einziger grauer Riesenleib bewegten sie sich im Licht der Spätnachmittagssonne auf die Berge zu. Es waren Elefanten in allen Größen vertreten: winzige neugeborene Kälber, die eifrig neben ihren Müttern hertrotteten; verspielte, halbwüchsige Bullen, die sich ab und zu ein kleines Scheingefecht lieferten; junge, halbwüchsige Kühe, die mit Argusaugen über die kleineren Kälber wachten; stattliche Matronen, die ihre Familien führten; und ganz am Schluß fünf große Bullen. Ich entdeckte die EBs ziemlich weit hinten in der Herde, aber es war schon fast dunkel, und so beschloß ich, sie meinen Begleitern ein anderes Mal vorzustellen. Es war auch höchste Zeit, daß wir unser Camp erreichten.

Das Camp, das ich im September 1973 installiert hatte, war vor kurzem nach einer Überschwemmung an einen anderen Ort verlegt und neu aufgebaut worden. Es war ein behagliches kleines Paradies, das versteckt unter Palmen und Akazien in den Ol-Tukai-Orok-Wäldern lag. Es bestand aus sieben Zelten mit zusätzlichen Schutzdächern aus Stroh und einer Küche, die aus Materialresten gebaut war. Ich hatte vier Mitarbeiter: zwei Forschungsassistentinnen, Norah Njiraini und Soila Sayialel, die für die tägliche Observierungsarbeit zuständig waren und in einem kleinen Haus im Park wohnten, und Peter Ngandi, unseren Koch und Camp-Manager, der genau wie seine Helferin Wambua Kativa im Camp lebte. Eine weitere Camp-Bewohnerin war die kenianische Doktorandin Kadzo Kangwana, die an einer Studie über die Beziehungen zwischen den Massai und den Elefanten arbeitete. Jeder von uns hatte sein eigenes Zelt zum Schlafen und Arbeiten, während wir uns zu den Mahlzeiten in einem großen Gemeinschaftszelt trafen.

Die EBs fanden wir erst zwei Tage später wieder, am 18. Januar, und diesmal im Buschwald in der Nähe des Camps. Ich zeigte meinen Begleitern die erwachsenen Elefantenkühe, also Echo, Ella, Erin und Eudora, und wir schauten zu, wie die Familie friedlich rupfend und kauend zwischen den Palmen herumwanderte. Sie sahen prächtig aus, und Marion und Martyn waren begeistert. Genau das hatten sie sich für ihren Film gewünscht: eine Elefantenfamilie, die ganz gelassen ihren Alltagsbeschäftigungen nachging, ohne sich durch unsere Gegenwart stören zu lassen.

Nach dem Mittagessen im Camp brachen wir erneut auf und verbrachten den Nachmittag bei den EBs. Sie bewegten sich am Westrand des Ol Tukai Orok entlang langsam nach Süden, und ganz in ihrer Nähe entdeckten wir eine weitere Familie, die OBs, die von der Leitkuh Omega geführt wurden. Omegas einjähriges männliches Kalb lief von seiner Familie weg, um mit den EBs zu spielen. Die EB-Kälber balgten sich übermütig mit ihm herum, und bald war ein allgemeines Rüsselringen im Gang. Vor lauter Begeisterung merkte das OB-Kalb gar nicht, daß seine Familie ihn zurückgelassen hatte. Doch dann geriet der Kleine auf einmal in Panik. Er riß den Kopf hoch, spreizte die Ohren ab und stieß den tiefen, herzerweichenden Hilferuf aus, mit dem verlorene Elefantenbabys nach ihren Müttern schreien. Ein paar von den jüngeren weiblichen OB-Elefanten kamen zurück, um ihn zu holen, und er raste ihnen in atemberaubendem Tempo über die offene Fläche entgegen. Von weitem sah er wie ein aufgezogenes Spielzeugtier aus. Als er sie eingeholt hatte, streckten seine Retterinnen den Rüssel nach ihm aus, und er gab ein tiefes, heiseres Grummeln von sich. Eine typische Elefantenbegrüßung, die mich immer wieder neu fasziniert, und Martyn und Marion waren entzückt.

Ein paar Minuten später rannte eine dritte Elefantenfamilie in die Palmen hinein – ein vorbeifahrendes Auto hatte sie aufgeschreckt. Die Amboseli-Elefanten fürchten sich sonst nicht vor Fahrzeugen, aber in diesem Fall mußten die Insassen Massai gewesen sein, deren

Folgende Doppelseite: Die Amboseli-Elefanten leben in einem sehr komplexen sozialen System, das die Familieneinheit zur Grundlage hat und sich über „Bond Groups", Clans und Subpopulationen auf die gesamte Population einschließlich der erwachsenen Bullen ausdehnt. Besonders deutlich wird dieses System, wenn die Elefanten sich zu großen Herden zusammenschließen.

Gegenwart die Tiere immer sofort in höchste Alarmbereitschaft versetzt. Die Panik übertrug sich offenbar auf die EBs und OBs, denn sie machten ebenfalls kehrt und liefen eilig ins Palmendickicht zurück. Wir folgten ihnen und stellten fest, daß es sich bei der dritten Familie um die EAs handelte, eine Gruppe, die sich oft mit den EBs zusammenschloß. Die Mitglieder der beiden Familien trudelten aufeinander zu und begrüßten sich mit Ohrenschlagen, tiefen Koller-Geräuschen und Rüssel-in-den-Mund-Stecken.

Die Beziehungen zwischen den einzelnen Familien sind sehr komplex. Die meisten Elefantenfamilien im Amboseli-Park haben eine besondere Affinität zu ein bis vier anderen Elefantenfamilien. Sie bilden „Bond Groups", wie ich das nenne. Familien aus derselben „Bond Group" begrüßen einander, gehen freundlich miteinander um und verbringen mehr Zeit miteinander als mit anderen Familien. Außerdem teilen bestimmte Familien in der Trockenzeit ihre Streifgebiete miteinander. Diese Stufe der sozialen Organisation bezeichne ich als „Clan". Die Clan-Reviere überschneiden sich vielerorts, ohne daß es zu territorialen Machtkämpfen kommt.

Außerdem unterscheiden wir zwei Subpopulationen, eine zentrale und eine periphere. Aggressives Verhalten kommt normalerweise nur zwischen Elefanten aus verschiedenen Clans und noch häufiger zwischen Elefanten aus verschiedenen Subpopulationen vor. Welche Familien dabei dominieren, und welche sich beherrschen lassen, scheint von vielen Faktoren abzuhängen. Ein wichtiger Faktor ist sicherlich die Größe der Familie, ebenso wie das Alter und der Charakter der Leitkuh.

Die EBs und die EAs gehören zur selben „Bond Group" und sind Mitglieder des Ol Tukai Orok-Clans, der wiederum der zentralen Subpopulation zuzurechnen ist. Echo ist eine außergewöhnlich sanfte, unaggressive Leitkuh, weshalb sie und ihre Familie von vielen anderen Amboseli-Elefanten dominiert werden können. Auch innerhalb der Familie spielt Echo selten ihre Vorrangstellung oder ihr Alter gegen die anderen aus. Die EBs sind eine ausgesprochen kooperative Familie – ein Phänomen, das ich in den vielen Stunden, die ich mit ihnen verbracht habe, immer wieder beobachten konnte.

Die EBs sind auch eine sehr ausdrucksfreudige und leidenschaftliche Familie. Sie tauschen häufig Rufe aus, und wenn sich ein paar von ihnen für eine Weile entfernen, werden sie hinterher lautstark begrüßt, selbst wenn sie nur eine halbe Stunde weg waren. In keiner anderen Familie habe ich derart rührende Begrüßungsszenen erlebt wie bei den EBs. Vor zwei Jahren zum Beispiel waren Emily und ihre Kälber Eudora und Emo ungefähr eine Woche von der Familie getrennt. Ich hatte sie mehrere Tage hintereinander ohne die anderen EBs im Ol Tukai Orok-Gebiet gesehen. Eines Morgens beobachtete ich dann, wie Emily mit ihren Kälbern die offene Serena-Ebene überquerte, die das Waldgebiet vom Enkongo Narok-Sumpf trennt. Emily blieb immer wieder stehen und gab ein tiefes, kehliges Kollern von sich, dann hielt sie still und lauschte. Plötzlich stieß sie einen anderen Ruf aus, und diesmal hörte ich ein Antwortkollern vom Sumpf herüber. Emily und ihre beiden Kälber marschierten eilig los, und ich überholte sie und parkte zwischen ihr und den anderen EBs, die gerade aus dem Sumpf auftauchten. Die drei Tiere rannten jetzt mit Höchstgeschwindigkeit, und ihre Schläfendrüsen, die seitlich am Kopf zwischen den Augen und den Ohren sitzen, sonderten ganze Ströme von Flüssigkeit ab. Sie stürmten an meinem Wagen vorbei zu den anderen EBs, und es gab eine wunderbare Begrüßungsszene. Emily drängte sich zwischen den jüngeren Tieren hindurch und ging schnurstracks auf Echo zu. Die beiden rissen die Köpfe hoch, stießen ihre Stoßzähne zusammen, schlangen ihre Rüssel umeinander und brüllten, kollerten und trompeteten, während sie mit den Ohren schlugen, sich im Kreis herumdrehten und dabei koteten und harnten. Alle anderen stimmten in das laute, beinahe feuchtflüssige Begrüßungskollern mit ein und veranstalteten einen unglaublichen Lärm. So ging es noch gut zehn Minuten weiter: mit den Ohren klappen, umeinander herumkreisen, einander mit dem Rüssel an den Mund oder die Schläfendrüsen fassen, grummeln und trompeten etc. Emilys Tod muß ein schrecklicher Verlust für Echo gewesen sein, das wird mir wieder bewußt, wenn ich an diesen Zwischenfall denke, denn die Bande zwischen Echo und Emily waren offensichtlich besonders eng.

Am folgenden Tag kehrte Marion nach England zurück. Martyn und ich fuhren hinaus, nachdem wir uns von ihr verabschiedet hatten, und wir fanden die EBs fast sofort. Sie grasten in der Serena-Ebene, nicht weit von der Stelle, wo wir sie am Abend zuvor zurückgelassen hatten. Ungefähr 250 Meter weiter weg kam eine Gruppe von über 100 Elefanten aus dem schmalen Akazienwaldstreifen, der die offene Ebene säumt. Gegen das einheitliche Grau der EBs, das durch ihren natürlichen Hautton und den Staub der hellen Amboseli-Erde darauf gebildet wurde, hoben sich die Elefanten von der großen Herde durch ihre schöne rotbraune Farbe ab. Es war ein Hinweis darauf, daß sie sich die letzten 24 Stunden auf der roten Erde in den Gegenden südlich des Kilimandscharo aufgehalten hatten. Mehrere große Bullen begleiteten die Herde, in der es etwas unruhig zuging. Ich

Oben: Der Stützpunkt des Forschungsprojekts, ein Zeltlager im Ol Tukai Orok-Gebiet. Ol Tukai Orok ist ein Massai-Name und bedeutet „Platz der dunklen Palmen".

Unten: Elefanten können anhand von Rissen, Kerben, Löchern und Venenzeichnungen in den Ohren individuell identifiziert werden. Ellas rechtes Ohr ist leicht zu erkennen.

Begrüßungszeremonie der EB-Familie nach einer vorübergehenden Trennung. Eudora (links) zeigt sich in der typischen Begrüßungshaltung: Mit hoch erhobenem Kopf und abgespreizten Ohren schiebt sie sich rückwärts in die Familie hinein. Gleichzeitig gibt sie ihre Freude durch Kollern, Trompeten, Harnen und Absonderungen aus den Schläfendrüsen kund.

schloß daraus, daß eine der Kühe in den Östrus gekommen war (die Zeit, in der eine Elefantenkuh empfängnisbereit ist und meistens auch ihren Eisprung hat). Die Herde zog vorbei und verschwand im Palmen- und Gelbfieberbaumdickicht des Ol Tukai Orok-Gebiets.

Die 14 EBs bewegten sich währenddessen in ihrem gewohnten, für sie typischen Rhythmus weiter. Echo schloß sich selten den großen Herden an; sie zog es vor, ihre Familie auf eigenen Pfaden zu führen. Echo war jetzt 45 Jahre alt, 20 Jahre älter als die nächstälteste Elefantin in ihrer Familie, und die unbestrittene Anführerin. Die anderen Mitglieder achteten auf jede ihrer Bewegungen. Wenn sie ausgeruht hatten, zogen sie sofort weiter, sobald Echo aufwachte und weiterzog. Wenn ein Geruch oder Geräusch sie aufschreckte, schauten sie erst zu Echo hinüber, bevor sie handelten. Wenn Echo sie mit leisem Grollen rief, kamen sie zu ihr, und wenn Echo ihr „Auf geht's"-Kollern von sich gab, folgten sie. Sie war das Herz der Familie, ihr Rettungsanker, ihre Führerin.

Heute grasten sie und bewegten sich langsam vorwärts, wobei sie eine lockere, aber zusammenhängende Gruppe bildeten. Jedes einzelne Mitglied war deutlich zu sehen, und ich nutzte die Gelegenheit, sie genauer zu studieren. Ich konnte sie zwar schon ganz gut identifizieren, wenn ich sie so wie jetzt als Gruppe vor mir hatte. Aber um die Geschichte der EBs zu erzählen, mußte ich mit jedem einzelnen von ihnen, einschließlich der Kälber, so vertraut werden, daß ich sie jederzeit und auf Anhieb erkennen konnte.

Die Ohren sind bei einem Elefanten das zuverlässigste Erkennungsmerkmal. Wenn sie ins Pubertätsalter kommen, spätestens aber in den Zwanzigern haben die meisten Elefanten auffallende Risse, Kerben und Löcher in den Ohren. Ich weiß nicht genau, wie es zu diesen Narben kommt, aber vermutlich bleiben sie mit den Ohren an Dornen oder Sträuchern hängen. Manche Elefanten haben völlig ausgefranste Ohren, vielleicht, weil ihre Haut dünner ist und leichter einreißt als die der anderen. Bei relativ glatten Ohren gibt es noch eine andere Identifizierungsmöglichkeit, nämlich ihr unverwechselbares Venenmuster, das man sich mit Hilfe einer Fotografie einprägen kann. Aber das ist nicht einfach, und die Adern sind vielleicht auch nicht immer zu sehen. In diesem Fall muß man andere Erkennungsmerkmale zu Hilfe nehmen und im übrigen auf Dinge wie Größe, Körperbau, Haltung, Kopfhaltung und Gebärden achten.

Die erwachsenen Kühe kannte ich schon recht gut. Echo mit ihren langen, gebogenen Stoßzähnen und ihren U-förmigen Einbuchtungen in den Ohren und Ella, die an jedem Ohr unten zwei große Einbuchtungen hatte, waren unverwechselbar. Erin und Eudora waren nicht ganz so charakteristisch, aber immer noch relativ leicht zu identifizieren. Echos Tochter Erin hatte erstaunliche Ähnlichkeit mit ihrer Mutter, besonders was die Kopfform und die Stoßzähne anging, aber ihre Ohren waren sehr glatt, ohne Löcher oder Risse. Eudora hatte den schmalen Kopf und die dünnen Stoßzähne ihrer Mutter Emily und ein paar kleine Risse im linken und ein winziges Loch im rechten Ohr.

Von den drei männlichen Jungtieren in der Familie war Eric am leichtesten zu erkennen. Er hatte unglaublich zerfranste Ohren, deren Risse und Löcher phantastische Muster bildeten, und sein Körper war kurz und stämmig. Ewan war auch kein Problem, solange man ihn frontal oder von der rechten Seite sah, denn sein rechtes Ohr fiel nach vorne statt nach hinten. Wenn die EBs bis über die Ohren in den tiefen Amboseli-Sümpfen steckten, erkannten wir sie oft nur an Ewans nach vorne geklapptem Ohr, das verräterisch aus dem Schilf hervorlugte. Emo war von den größeren Tieren weitaus am schwierigsten zu identifizieren, wenn man ihn ohne die Familie antraf. Wie sein älterer Bruder Little Male, der sich vor ein paar Jahren unabhängig gemacht hatte, war Emo das Urbild des typischen jungen Bullen. Er hatte vollkommen symmetrische Stoßzähne und hoffnungslos glatte Ohren, abgesehen von einem winzigen Loch im rechten Ohr, das nur unter den günstigsten Bedingungen zu sehen war. Aber seine Kopfhaltung erinnerte stark an Emily und Eudora, und mit ein wenig Übung würde ich ihn ohne weiteres in jeder Situation erkennen können.

Die fünf weiblichen Jungtiere der EBs waren nicht weniger problematisch als Emo. Die jüngste war Ellas dreijährige Tochter Emma. Dann waren da noch die beiden Töchter von Echo, die siebenjährige Enid und die vierjährige Eliot, und schließlich Erins Töchter Edwina und Eleanor, die ebenfalls sieben und vier Jahre alt waren. Bei Emma war es am einfachsten: Sie war viel kleiner als die anderen, und ihre Stoßzähne waren erst 7,5 cm lang. Außerdem hatte sie oben am rechten Ohr einen kleinen Riß. Gleich danach kam Enid mit ihren ausgestellten Stoßzähnen, die zudem viel länger waren als die der anderen Kälber. Ein weiteres Merkmal war der kleine U-förmige Riß in ihrem linken Ohr. Eliots Kopf war so runzlig wie eine Trockenpflaume. Eleanor hatte nur zwei Querfalten auf der Stirn, und Edwinas Kopf war vollkommen glatt. Edwina hatte außerdem eine auffällige Beule hinter ihrer rechten Schulter.

Die beiden Babys, Elspeth und Edgar, waren gerade ein Jahr alt und sahen genau gleich aus, abgesehen davon, daß es sich um ein Weibchen und ein Männchen handelte.

Zum Glück bleiben Kälber in diesem Alter fast immer dicht bei der Mutter. Man konnte sie nur verwechseln, wenn sie sich zum Spielen entfernten. Und dann mußte ich sie nach ihrem Geschlecht identifizieren, eine Methode, die im hohen Gras nicht gerade einfach ist.

Während ich sie beobachtete, wanderte die Familie langsam über die Ebene bis zu den Rändern des Enkongo Norok-Sumpfs. Dort gibt es ein großes Wasserloch voller Seerosenblätter, aber ohne dichtes Schilf und Papyrusgestrüpp. Die Elefanten hielten an, tranken und bespritzten sich mit Schlamm. Hinterher wanderte die Familie am Sumpf-

Eric, das „Tiefseemonster", planscht mit seinem Cousin Emo im „Elefanten-Swimmingpool" herum. Junge Männchen im Alter von Eric und Emo (12 und 10) messen in spielerischen Kämpfen ihre Kräfte miteinander und üben dabei die Fähigkeiten ein, die sie als erwachsene Bullen brauchen werden.

rand weiter, außer zwei jungen Bullen, Eric und Emo, die dem Tümpel einfach nicht widerstehen konnten. Die beiden tasteten sich vorsichtig an der Uferböschung hinunter und ließen sich Schritt für Schritt in das tiefere Wasser gleiten. Als sie etwa zur Hälfte im Wasser steckten, fingen sie an, sich herumzubalgen, bis sie schließlich umfielen oder sich auf die Seite wälzten und ganz im Wasser verschwanden. Als sie wieder auftauchten, waren ihre Köpfe mit Algen und Seerosenblättern bekränzt. Bald danach gesellte sich Edwina zu ihnen, und die drei spielten fast eine Stunde lang im Wasser herum. Sie stießen und schubsten sich, kletterten einander auf den Rücken, peitschten mit ihrem Rüssel das Wasser, stellten sich an einen Fleck und schlenkerten ein Vorder- oder Hinterbein vor und zurück, daß es nur so spritzte, und manchmal tauchten sie völlig im Wasser unter, bis nur noch die Spitze ihres Rüssels herausschaute.

Am nächsten Tag, dem 20. Januar, brauchten wir mehrere Stunden, bis wir die EBs aufgespürt hatten. Sie waren eine relativ leicht berechenbare Gruppe, aber das Kernstück ihres Heimatgebiets ist mit mindestens 50 Quadratkilometern ziemlich groß. Wir fanden sie schließlich um 10.50 Uhr in einem großen Elefantengrasgebiet (Sporobolus consimilis) im Süden der Serena Road. Sie waren mit vier anderen Familien zusammen. Echo löste sich bald aus der Herde und steuerte ihr Lieblingsgebiet an, das Ol-Tukai-Orok-Waldland. Mit den EBs kam ein erwachsener Bulle, der 19 Jahre alte Tolstoi aus der TD-Familie, der jetzt unabhängig war. Tolstoi war größer als alle erwachsenen Kühe. Bullen wachsen in ihren „Teenager-Jahren" sehr schnell, und sie wachsen auch ihr ganzes Leben lang weiter. Weibliche Elefanten wachsen dagegen langsamer, und mit 25 Jahren hört ihr Wachstum nahezu ganz auf. Mit 25 würde Tolstoi die Kühe um vieles überragen, und mit 50 würde er vielleicht eine Schulterhöhe von 3.50 m erreicht haben, während ein weiblicher Elefant höchstens 2.50 m groß wird.

Abgesehen vom Größenunterschied führen weibliche und männliche Elefanten auch ein völlig anderes Leben, wenn sie erwachsen sind. Weibliche Elefanten sind selten oder überhaupt nie allein, sie verbringen ihr ganzes Leben unter engen Verwandten. An Verwandtschaftsbeziehungen zwischen den weiblichen Familienmitgliedern gibt es die zwischen Mutter und Tochter, Großmutter und Enkelin, Schwestern, Tanten und Nichten, Basen und Cousinen. Sie drücken ihre Zuneigung durch häufige Berührungen und erstaunlich nuancenreiche Rufkontakte aus. Es gibt eine altersbedingte Rangordnung, aber viel auffälliger ist das kooperative Verhalten innerhalb der Gruppe, wie zum Beispiel gegenseitiger Schutz und Verteidigung und die Mitbetreuung der Kälber durch andere Familienmitglieder, vor allem durch halbwüchsige Weibchen.

Erwachsene Männchen führen dagegen ein sehr einsames Leben. Wenn ein junger Bulle seine Familie verläßt, schließt er sich seinen Geschlechtsgenossen an, jungen wie älteren, oder er zieht mit anderen Familien herum, denn in seinen „Teenager"-Jahren braucht er vielleicht noch die Führung und den Schutz der Weibchen-Herde.

In diesem Alter ist ein Bulle zwar geschlechtsreif, aber er muß noch eine lange Wachstums- und Entwicklungsperiode durchmachen, bevor er eine Chance bekommt, sich zu paaren und fortzupflanzen. Ab 20 Jahren verbringt ein Bulle immer weniger Zeit mit den Weibchen-Herden und hält sich dafür mehr in den „Bullen-Revieren" auf. Ungefähr ab 25 kommen viele Bullen in die „Musth", ein Urdu-Wort, das eigentlich „Rausch" bedeutet. Die Musth ist eine Phase gesteigerter sexueller Erregung und Angriffswut im Jahreszyklus eines männlichen Elefanten. Ab dreißig nimmt dieser Zyklus allmählich deutlichere Formen an, und mit vierzig ist er schon ziemlich vorhersehbar, das heißt, auf eine „Rückzugsperiode" von neun Monaten folgen drei oder vier Monate Musth-Aktivität. Im Amboseli-Park haben die über vierzigjährigen Bullen die größten Paarungschancen, und je älter ein Bulle ist, desto erfolgreicher ist er auch.

Die ältesten Bullen im Amboseli-Park sind in den Fünfzigern, und sie sind alle sexuell aktiv, außer einem, der aber möglicherweise eine Anomalie darstellt. Wir wissen bisher nicht, wann und ob ein Bulle sich je „zur Ruhe setzt", und ob er je in seine Familie zurückkehrt und sich mit engen Verwandten paart. Um eine Antwort auf solche Fragen zu bekommen, müßte die Amboseli-Studie noch mindestens 20 Jahre weitergeführt werden.

Das unterschiedliche Leben von männlichen und weiblichen Elefanten beschäftigte mich auch am Mittag wieder. Alle EBs ruhten im Schatten eines Fieberbaums, einschließlich Tolstoi, der mitten unter der Familie lag. Es gab nur zwei Ausnahmen: der 11jährige Eric, der ungefähr zwei Meter vom nächsten Familienmitglied entfernt in der prallen Sonne stand, und der neunjährige Emo, der nirgends zu sehen war. Gegen Ende der Siesta tauchte Emo mit einem seiner Freunde aus der EA-Familie auf, dem 11jährigen Eugene, der gerade anfing, sich ab und zu selbständig zu machen.

Mit acht bis neun Jahren macht sich bei männlichen Elefanten allmählich der Unabhängigkeitsdrang bemerkbar, das heißt, sie verbringen dann auch einmal ein bis zwei Tage außerhalb der Familie. Gleichzeitig zeigen sich die Weibchen weniger tolerant gegenüber diesen pubertierenden „Halbstarken" und drohen sie gelegentlich an oder piesacken sie mit einem Stoß ins Hinterteil. Der unmittelbare Anlaß für diese Aggressionen ist unklar, aber der tieferliegende Grund dürfte wohl sein, daß die Weibchen ihre Söhne vertreiben wollen, bevor sie ins fortpflanzungsfähige Alter kommen. Mit der Zeit kommt die Botschaft bei den Männchen auch an, und sie gehen dann ihre eigenen Wege. Wenn sie weniger als 20 Prozent ihrer Zeit mit ihrer Familie verbringen, betrachten wir sie als unabhängig. Im Durchschnitt geschieht das mit 14 Jahren, manchmal aber auch schon mit neun oder erst mit 18.

Der Tod der Mutter kann diesen Unabhängigkeitsprozeß erheblich beschleunigen, und ich hatte den Eindruck, daß das bei Emo der Fall war. Obwohl Eric der Ältere war, hielt er sich noch häufig in der Nähe seiner Mutter auf, und er fühlte sich offenbar nach wie vor gut aufgehoben in der Familie. Emo dagegen hatte nach Emilys Tod keine Beschützerin mehr, die ihn noch ein paar Jahre unter ihre Fittiche nehmen konnte. Emo war entschieden mißtrauischer als Eric, er trug seinen Kopf unterwürfig gesenkt und hielt mindestens 5 Meter Abstand von den erwachsenen Kühen.

Ein verwaister junger Bulle im Pubertätsalter hat auch manchmal einen schweren Stand in der Familie. Emos Freund Eugene zum Beispiel näherte sich den EBs so vorsichtig, daß es schon beinahe lächerlich war. Er wagte sich nur ganz langsam und Schritt für Schritt vorwärts, wobei er den Kopf tief gesenkt hielt und unterwürfig den Rüssel ausstreckte. Sobald eine der Elefantinnen den Kopf hob oder sich zu ihm umdrehte, wich er schnell zurück. In sechs oder sieben Jahren wird er so groß wie Tolstoi sein, und dann werden ihn die EBs akzeptieren müssen.

Nach diesen ersten paar Tagen mit den Elefanten setzte ich mich mit Martyn zu einer Lagebesprechung zusammen, und wir überlegten uns, wie der Film über die EBs aussehen sollte. Der Inhalt war im wesentlichen vorgegeben: Wir würden uns an das halten müssen, was sich in den nächsten Monaten unter den EBs abspielte. Aber ein paar besondere Ereignisse wollten wir unbedingt festhalten: Zum Beispiel wollten wir ein Weibchen im Östrus filmen und die Entwicklung eines Kälbchens von seiner Geburt an verfolgen. Aus diesem Grund schaute ich die Östruskarteien der EBs durch.

Den Aufzeichnungen nach war Eudora die einzige, die in Frage kam. Sie hatte eine sehr ungewöhnliche sexuelle Entwicklung durchgemacht. Mit 11 Jahren wurde sie zum

Oben: Wenn junge Bullen ihre Familien verlassen, schließen sie sich meistens mit anderen Bullen zu „Männerclubs“ zusammen. Diese vier Männchen sind alle über 20 Jahre alt, aber außer dem ersten Bullen von links ist keiner von ihnen alt genug, um sich ernsthaft am Konkurrenzkampf um die Weibchen zu beteiligen.

Rechte Seite: Große Bullen über 30 verbringen einen Teil des Jahres in ihrem „Rückzugsgebiet“, den anderen Teil mit der Jagd nach brünstigen Weibchen. In seiner Rückzugsphase ist ein Bulle hauptsächlich mit Fressen und Ruhen beschäftigt. So baut er Fettreserven für die anstrengenden Monate seiner aktiven Phase auf.

ersten Mal im Östrus gesehen. Es war eine außergewöhnlich lange Östrusperiode, beinahe zwei Wochen statt der üblichen vier bis sechs Tage, und für Eudora war es eine harte Zeit. Einige Weibchen finden schnell heraus, daß sie relativ unbehelligt bleiben, wenn sie sich einen großen, älteren Bullen als Paarungspartner suchen, der sie bewacht und die anderen Männchen verjagt. Obwohl ältere Bullen in der Nähe waren, blieb aber Eudora bei keinem von ihnen, und so wurde sie pausenlos von den jüngeren Bullen gejagt und belästigt. Im allgemeinen werden die Weibchen während der Östrusphase trächtig und bringen 22 Monate später ihr Kalb zur Welt, ohne daß eine weitere Östrusperiode dazwischenliegt. Doch Eudora kam in den Jahren 1984, 1985, 1986 in regelmäßigen Abständen wieder in den Östrus, ein Zeichen dafür, daß sie nicht empfangen hatte. Im Dezember 1986 wurde sie endlich trächtig und brachte im Oktober 1988 Elspeth zur Welt. Erin hatte in diesem Monat auch ein Kalb geboren, aber sie war schon wieder in den Östrus gekommen und hatte wahrscheinlich auch empfangen. Eudora würde vermutlich irgendwann in den nächsten beiden Jahren in den Östrus kommen, aber wann genau, ließ sich unmöglich vorhersagen.

Die Gebäraussichten waren bei den anderen EBs weitaus größer. Die Östrus-Tabellen zeigten, daß Ella wahrscheinlich im Dezember 1990 ein Kalb bekommen würde und Erin im Juni 1991. Und möglicherweise war sogar die Leitkuh trächtig. Echo hatte sich am 8., 9. und 10. Mai 1988 mit verschiedenen Bullen gepaart. Wenn sie damals schwanger geworden war, würde sie schon in wenigen Wochen ihr Kalb bekommen, also im späten Februar oder März, und wir konnten die Entwicklung des Kälbchens über ein Jahr lang mitverfolgen.

Am nächsten Tag brachen wir noch vor Sonnenaufgang auf. Wir waren sehr gespannt, was wir zu sehen bekommen würden. Als wir in die Serena Road einbogen, stieg die Sonne als großer roter Ball hinter den Chyulu-Hügeln hoch, einer langen, holperigen Kette von Vulkankegeln ungefähr 45 km östlich von Amboseli. Ich liebe diese frühe Morgenstunde, wenn die Vögel erwachen und der Himmel langsam seine Farbe von zartem Rosa zu leuchtendem Rot und Gold verändert, bis die Sonne endlich in ihrer ganzen sengenden Kraft heraufkommt.

Wir fanden die EBs ein paar Minuten später in der Nähe der großen *Consimilis*- oder Elefantengras-Ebene südlich der Straße. Sie bewegten sich westwärts, wobei sie häufige Ruhepausen einlegten. Ich beobachtete Echo sehr genau und fand, daß sie tatsächlich hochschwanger aussah. Junge Weibchen unter Zwanzig werden in den letzten sechs Monaten ihrer Tragzeit merklich dicker und plumper, aber eine große, erwachsene Kuh ändert ihre Gestalt während der Tragzeit nur wenig. Viele von den erwachsenen Kühen sehen die meiste Zeit ziemlich unförmig aus. Echo war sonst ein bißchen schlanker als die anderen, aber jetzt hatte sie eine deutliche Ausbuchtung, und obwohl sie im Moment kein Kalb säugte, waren ihre Zitzen groß und prall. Eliot, ihr jüngstes Kalb, war fast fünf Jahre alt und schien völlig entwöhnt zu sein, zumindest hatte sie keinen Versuch gemacht, bei ihrer Mutter zu trinken, seit wir bei der Familie waren. Echo schlug normalerweise ein zügiges Marschtempo an, doch heute wirkte sie ausgesprochen müde und langsam. Die EBs brauchten zwei Stunden, um die Ebene zum Enkongo Narok-Sumpf zu überqueren, eine Entfernung von weniger als 2 km. Sie hielten häufig an, ruhten und grasten ein bißchen, bevor sie gemächlich weiterzogen. Echo blieb meistens zurück, und die restliche Familie mußte immer wieder auf sie warten.

Die Kälber ließen sich jedoch nicht von Echos niedergedrückter Stimmung anstekken. Am folgenden Tag fanden wir die EBs nach einigem Suchen im langen *Consimilis*-Gras nördlich der Serena-Road. Während die Erwachsenen sich langsam vorwärtsbewegten und ab und zu eine Ruhepause einlegten, waren die Kälber ausgesprochen spielfreudig. Das Elefantengras stimuliert offenbar den Spieltrieb der Jungen, vielleicht weil sie sich im langen Gras sicher fühlen, oder weil ihnen das Krachen und Knistern beim Durchpreschen gefällt. Die EB-Kälber verließen jedenfalls bald ihre Mütter und stürmten mit abgespreizten Ohren, ausgestrecktem Rüssel und über dem Rücken geringelten Schwanz davon, wobei sie die Augen rollten, so daß das Weiße darin zu sehen war. Beim Laufen gaben sie hohe, näselnde, pulsierende Trompetentöne von sich, die typischen „Spielrufe" der Elefanten. Sobald sie den nächstbesten größeren Grasfleck erreichten, rasten die Kälber mit gesenktem Kopf hindurch und warfen sich dabei wild hin und her. Ein Kalb wirbelte plötzlich herum, riß in gespielter Angst den Kopf hoch und griff einen imaginären Gegner an. Manchmal stellten sich zwei Kälber Kopf an Kopf gegeneinander, verschränkten ihre Rüssel und versuchten den anderen wegzuschieben. Einmal trottete Erins einjähriges Kalb Edgar allein zu einem kahlen Fleck hinüber. Er fand eine vertrocknete Kotkugel und spielte Fußball damit.

Sobald die Kleinen sich ausgetobt hatten, hob Echo ihren Rüssel und witterte in den Wind, und die anderen machten es ihr nach. Dann brach sie mit entschlossenen Schritten auf und führte ihre Familie durch die Palmenwälder auf eine offene Grasfläche hinaus, wo sie zu grasen begannen. Echos Müdigkeit war offenbar wie weggeblasen – jetzt zeigte sie sich wieder ganz als souveräne Anführerin.

In den nächsten Tagen gab es ein paar Regenstürme, was im Januar nichts Ungewöhnliches ist. Regen wirkt stimulierend auf die Elefanten, und als wir am 24. Januar bei den EBs im Ol Tukai Orok-Gebiet waren, machte sich eine gewisse Rastlosigkeit unter ihnen bemerkbar. An diesem Tag fehlten Ella und ihre drei Kälber, aber ich war nicht beunruhigt; es kam schon mal vor, daß Ella sich selbständig machte. Wir hatten ungefähr eine halbe Stunde bei der Familie verbracht, als sie plötzlich tiefe, kehlige Rumpellaute von sich gaben.

In guten Zeiten, das heißt, wenn die Elefanten sich sicher fühlen und genug zu fressen haben, erwacht bei den Jungtieren der Spieltrieb – und manchmal auch bei den Erwachsenen. Hier tobt Edgar durch das hohe Elefantengras und greift imaginäre Feinde an.

Im Schutz des Amboseli-Parks, in dem es vergleichsweise sehr wenig Wilderei gibt, können die Elefanten noch ungestört ihren Alltagsbeschäftigungen nachgehen.

Elefanten haben ein sehr breites, nuancenreiches Laut-Repertoire, das von sanftem Kollern bis zu markerschütternden Trompetenstößen reicht.

In unserer Amboseli-Studie haben wir bisher 25 deutlich abgegrenzte Rufe mit unterschiedlicher Bedeutung herausgearbeitet. Vermutlich gibt es aber noch mehr. Am häufigsten sind verschiedene Kollergeräusche, die alle eine Infraschall-Komponente haben, das heißt Laute, die vom menschlichen Ohr nicht mehr wahrgenommen werden können. Diese Infraschalltöne haben eine sehr große Reichweite, möglicherweise bis zu zehn Kilometer.

Durch bestimmte Kollergeräusche bleiben die Elefanten miteinander in Verbindung. An diesem Tag konnten wir die leisen, gleichförmigen Kontaktrufe hören, gefolgt von den lauteren und am Ende ansteigenden Kontaktantworten. Ich schaute mich um und entdeckte ganz in der Ferne bei den Bäumen am Sumpfrand drei schwarze, nasse Elefanten, die sich in unserer Richtung vorwärtsbewegten. Ella, Ewan und Emma rannten jetzt regelrecht auf Echo und die übrige Familie zu, die zu grasen aufgehört hatte und den dreien entgegenging. Die beiden Gruppen liefen kollernd und trompetend aufeinander zu, bis sie zu einem einzigen großen Elefantenknäuel verschmolzen. Echo und Ella hoben die Köpfe, stießen ihre Stoßzähne zusammen und umschlangen sich mit den Rüsseln. Die anderen drehten sich im Kreis herum, steckten sich gegenseitig den Rüssel in den Mund, schlackerten mit den Ohren und schrien und trompeteten in den höchsten Tönen.

Solche Begrüßungszeremonien scheinen eine wichtige Rolle in der Elefantengesellschaft zu spielen. Wahrscheinlich dienen sie dem besseren Zusammenhalt zwischen einzelnen Familienmitgliedern und befreundeten Gruppen. Was auch immer ihre Funktion sein mag, es ist jedenfalls eine ungeheuer emotionsgeladene Zeremonie. In diesem Fall haben die Elefanten vielleicht ihre Familienbande aufgefrischt und bekräftigt, denn am nächsten Tag stellten wir fest, daß der Regen sie noch rastloser gemacht hatte. Echo führte ihre Familie weit aus ihrem normalen Trockenzeit-Streifgebiet heraus. In den nächsten zwei Tagen konnten wir die EBs nirgends finden, obwohl wir den ganzen Park absuchten. Dagegen stießen wir im Westen jenseits der Ilmberisheri-Hügel auf eine große Elefantenherde, in der es ziemlich turbulent zuging – mindestens zwei Weibchen waren im Östrus und wurden von den Bullen gejagt.

Wir kämmten auch noch den westlichen Teil des Parks durch, aber ohne Erfolg.

Am 31. Januar brachen wir noch einmal in Richtung Ilmberisheri auf und fanden zahlreiche Elefantengruppen über das ganze Busch- und Grasland unterhalb der Hügel verteilt. In einer dieser Herden – es waren etwa 50 Elefanten – entdeckten wir auch die gesamte EB-Familie, mit einer Ausnahme: Emo. Die EBs trennten sich bald von den anderen und marschierten zielstrebig auf den Enkongo Narok-Sumpf zu. Echo sah jetzt wieder sehr unförmig und müde aus und hinkte hinterher, aber selbst in dieser Position war sie immer noch die Führerin und bestimmte die Aktivitäten und die Marschrichtung der Gruppe. Sobald sie sich dem Sumpfrand näherten, hoben die Elefanten ihre Rüssel hoch, und offenbar waren sie so durstig, daß sie die letzten 50 Meter beinahe rannten. Sie tranken gierig. Dann bewegten sie sich zum Fressen in den Sumpf hinein. Sie blieben dort mehrere Stunden, und am späten Nachmittag schlossen sie sich einer Herde von über 200 Elefanten an. Ein ganz untypisches Verhalten für die EBs, aber es war ein ziemlich lockerer Verband, der genug Raum für alle bot. Eine Herde von dieser Größe ist immer ein imposanter Anblick, und an diesem letzten Januartag war das Licht wie verzaubert. Die schrägen Strahlen brachten jede einzelne Hautfalte der Elefanten zur Geltung, und über ihren Stoßzähnen lag ein sanfter goldener Schimmer.

Februar bis Anfang März

Martyn und ich waren der Familie jetzt schon zwei Wochen gefolgt. Inzwischen hatte sich bei uns beiden eine feste Routine herausgebildet. Wir fuhren jeden Tag noch vor der Morgendämmerung los, um die EBs zu suchen, und blieben bis zum späten Morgen bei ihnen. Dann kehrten wir zum Mittagessen ins Camp zurück, machten uns Notizen oder ruhten ein bißchen aus, und gegen 15.30 oder 16.00 Uhr brachen wir wieder auf und blieben bei der Familie, bis es dunkel wurde. Im allgemeinen kamen wir zwischen 18.30 und 19.00 Uhr ins Camp zurück, wo wir uns duschten und dann zum Abendessen ins Hauptzelt gingen.

Vor den Regenstürmen hatte sich diese Routine gut bewährt, weil wir uns problemlos in Echos Bewegungsmuster einfügen konnten. Während der Trockenzeit war der Tagesablauf bei den meisten Elefantenfamilien ziemlich gut vorhersagbar. Morgens wanderten sie zu den Amboseli-Sümpfen, tranken und fraßen dort den Tag über, und am Abend kamen sie langsam aus dem Becken heraus (dem alten Seebett), um im angrenzenden Busch- und

Eleanor fand als erste die Knochen der 1989 verstorbenen Emily. Elefanten verhalten sich sehr rätselhaft, wenn sie auf das Skelett oder den Kadaver eines anderen Elefanten stoßen. Sie streicheln und berühren einzelne Teile davon, versuchen die Überreste zu begraben oder tragen Knochen mit sich fort.

Grasland zu grasen und zu schlafen. Echo und ihre Familie wanderten nachts nach Süden in Richtung Berg und kamen am Tag in die Ol Tukai Orok-Sümpfe und -Wälder. Doch diesmal erlebten wir eine ungewöhnlich feuchte „kurze Trockenzeit".

Der zusätzliche Regen war den Elefanten ebenso willkommen wir Martyn und mir. Für die Elefanten bedeutete er mehr Nahrung, für uns schöne Himmel und keinen Staub. Alle Elefanten waren dick und gesund und hatten genügend Zeit und Energie für soziale Interaktionen. Die Kälber fingen fast jeden Morgen mit einer ausgiebigen Spielstunde an. Sie jagten sich durch das Consimilisgras oder versuchten aufeinander draufzuklettern, bis sie schließlich alle in einem Haufen auf dem Boden landeten. Und am liebsten jagten sie die armen Gnus, die zufällig gerade vorbeikamen. Zu zweit oder dritt stürmten die Kälber mit schrillen Trompetentönen auf sie los, Kopf hoch, Ohren raus, und die Gnus stoben in alle Richtungen auseinander.

Der Regen bedeutete auch, daß die Elefanten sich vermutlich aus ihrem Trockenzeit-Streifgebiet herausbewegen würden. Am zweiten Februar suchten wir die EBs vergeblich an ihren üblichen Plätzen. Wir dachten, daß sie wahrscheinlich wieder der Wandertrieb gepackt hatte, also fuhren wir nach Westen zu den Ilmberisheri-Hügeln, wo wir sie früher schon gefunden hatten, und noch ein ganzes Stück weiter. Müde und enttäuscht gaben wir die Suche schließlich auf und kehrten ins Camp zurück, wo wir sie friedlich grasend zwischen unseren Zelten fanden!

Unser Morgen war trotzdem nicht vergeudet, denn wir hatten Emo drüben im Westen angetroffen. Er hatte offenbar einen weiteren großen Schritt in Richtung Unabhängigkeit gemacht, da er sich gut 20 Kilometer von seiner Familie entfernte. Emo blieb über eine Woche weg, erst am 10. Februar kehrte er zu seiner Familie zurück. Es war wohl der Gedanke an Emo, der in den nächsten Tagen meinen Blick für gewisse Vorfälle zwischen den erwachsenen Weibchen und den halbwüchsigen Bullen schärfte. Zum Beispiel wurde der kleine Ewan, der erst acht Jahre alt war, ganz plötzlich von Erin angegriffen, und am nächsten Tag von Echo. Am Morgen des 13. Februar lagerten die EBs in der Serena-Ebene, während Emo 200 Meter weit weg allein unter einem Baum stand. Später zog er zwar mit der Familie mit, hielt aber einen respektvollen Abstand von 30 Metern. Ein paar Stunden, nachdem wir sie am nächsten Tag gefunden hatten, tauchte Emo mit einem Kumpel auf, mit Kyle aus der KB-Familie. Ella ging sofort auf Kyle los und jagte ihn weg. Wenige Tage später sah ich, wie Ella Emo mit abgespreizten und zu einer waagrechten Linie gefalteten Ohren androhte, was bei Elefanten eine unmißverständliche Angriffsgebärde ist. Emo schaute nur einmal hin, bevor er sich eiligst davonmachte. Nachdem solche Zwischenfälle fast schon an der Tagesordnung sind, glaube ich nicht, daß Emo noch lange bei der Familie bleiben wird.

Ein paar Tage später wurden uns Emilys Tod und seine Auswirkungen auf die Familie wieder ins Bewußtsein gebracht, und zwar durch einen besonders bewegenden Zwischenfall. Es war schon später Nachmittag, und die EBs bewegten sich langsam südwärts zu ihrem nächtlichen Weide- und Schlafgebiet. Bald wurde uns klar, daß sie dicht an Emilys Kadaver vorbeikommen würden, der jetzt nur noch aus nackten, gebleichten Knochen bestand.

Eleanor, ein weibliches Kalb, war die erste, die die Knochen erreichte, und gleich hinter ihr kamen Erin und Edgar. Die drei Tiere blieben sofort stehen und streckten vorsichtig ihre Rüssel aus. Sie traten näher heran und berührten die Überreste mit der Rüsselspitze, befühlten und beschnüffelten sie, und dann strichen sie langsam über die größeren Knochen. Eudora und Elspeth, Emilys Tochter und Enkelin, drängten sich vor und fingen an, die Knochen zu untersuchen. Bald danach kamen Echo und ihre beiden Töchter. Alle Elefanten waren jetzt still, es herrschte eine geradezu greifbare Spannung unter ihnen. Eudora konzentrierte sich auf Emilys Schädel, sie streichelte die glatte Schädelkappe und schlüpfte mit der Rüsselspitze in alle Höhlungen hinein. Echo befühlte den Unterkiefer und ließ ihren Rüssel an der Zahnreihe entlanggleiten – die Stelle, die Elefanten bei der Begrüßungszeremonie berühren, wenn sie einander den Rüssel ins Maul stecken. Die jüngeren Tiere hoben kleinere Knochen auf und nahmen sie in den Mund, bevor sie sie wieder fallen ließen. Der Bann war erst gebrochen, als der einjährige Edgar anfing, die Knochen respektlos in die Luft zu schleudern. Nach ein paar weiteren Minuten trotteten alle davon, einige mit Knochen im Rüssel oder zwischen Rüssel und Stoßzähne geklemmt.

Ich habe oft mitangesehen, wie Elefanten Kadaver und Knochen untersuchten. Vor ein paar Jahren habe ich sogar beobachtet, wie die EBs den Kadaver eines jungen Weibchens aus einer anderen Familie zu begraben versuchten, das eines natürlichen Todes gestorben war. Sie wühlten die Erde auf und verstreuten sie über der Kadaver, und ein paar von ihnen hatten sich entfernt und Palmwedel abgebrochen, die sie dann über den toten Elefanten breiteten. Leider tauchten in diesem Augenblick die Parkhüter auf, um die Stoßzähne einzusammeln. Sie verjagten die Elefanten. Ich hätte gerne gewußt, wie gründlich die Tiere den Kadaver begraben würden – und vor allen Dingen, warum.

Elefanten haben offenbar eine Vorstellung vom Tod, oder zumindest erkennen sie das Skelett oder den Kadaver eines Artgenossen wieder. Sonst würden sie sich bei anderen Tierknochen genauso verhalten, was nicht der Fall ist, außer manchmal bei Überresten eines Menschen, besonders wenn er von einem Elefanten getötet wurde. Aber was in ihren Köpfen vorgeht, wenn sie Knochen untersuchen und wegtragen, oder wenn sie frische Kadaver begraben, das bleibt ein Rätsel. Vielleicht werden wir eines Tages mehr über die kognitiven Fähigkeiten eines Elefantenhirns wissen. Vorläufig können wir nur ihr Verhalten beobachten und zu interpretieren versuchen.

An dem Tag, an dem die Familie Emilys Knochen fand, folgte Emilys Sohn Emo den EBs wie üblich auf einer parallelen Route, in diesem Fall auf einem 50 Meter entfernten Pfad. Im Februar 1990 war er erst neun Jahre alt, das bisher niedrigste Unabhängigkeitsalter in unseren Aufzeichnungen, und ich machte mir Sorgen um ihn. Die ersten paar Jahre ihrer Unabhängigkeit sind für junge Bullen eine gefährliche Zeit, selbst wenn sie ihre Familie erst mit 14 verlassen. Im nahegelegenen Tsavo-Park werden junge Bullen manchmal von Löwen getötet, und im Amboseli-Park könnten sie den Speeren der Massai-Krieger zum Opfer fallen.

Am folgenden Tag fanden wir die EBs wieder im Enkongo Narok-Sumpf beim „Elefanten-Swimmingpool“, wie wir die Stelle nannten. Nach anfänglichem Zögern ging fast die ganze Familie ins Wasser, sogar Ella und Erin. Nur Echo und Eudora und ihr Kalb Elspeth blieben am Ufer. Die anderen Kälber stürmten durchs Wasser, klatschten ihre Rüssel auf die Oberfläche, wühlten das Wasser mit ihren Stoßzähnen auf und wälzten sich auf die Seite, bis das Wasser über ihnen zusammenschlug. Ella und Erin wurden schließlich von dem Übermut der anderen angesteckt und wälzten sich ebenfalls im Wasser herum. Dann stand Erin mit Seerosenblättern auf Kopf und Rücken plötzlich da und wühlte mit ihrem Vorderfuß das Wasser auf, daß es nur so schäumte. Ein erwachsenes Weibchen beim Spielen zu beobachten, ist eine Freude. Man sieht dann, daß alles in Ordnung ist, denn so benehmen sich Elefanten nur, wenn sie entspannt und gut genährt sind.

Daß Echo sich nicht ins Badevergnügen stürzte, wunderte mich nicht, denn meinen Berechnungen nach mußte sie jetzt schon im 22. Monat ihrer Tragzeit sein. Eudoras

Zurückhaltung war weniger einleuchtend, aber es paßte zu ihrem Verhalten innerhalb der Familie, seit ihre Mutter Emily gestorben war. Ich hatte Eudora genau beobachtet und fand ihre Strategie ebenso faszinierend wie überraschend. Anstatt sich in eine Außenseiterposition drängen zu lassen, versuchte Eudora, ihre Bande mit Echo zu stärken: Sie schmeichelte sich sozusagen ein. Sie blieb so dicht wie möglich bei Echo, und immer wenn Echo auf sie zukam, hob Eudora Kopf und Ohren und begrüßte sie mit tiefem, kehligem Kollern. An diesem Morgen begrüßte sie Echo über ein Dutzend Mal. Erin und Ella, die anderen beiden erwachsenen Weibchen, reagierten gelassener, wenn Echo sich näherte, es sei denn, sie waren eine Weile von ihr getrennt. Vielleicht sind solche Bündnisstrategien nichts Ungewöhnliches, wenn ein wichtiges Familienmitglied stirbt, aber ich habe diese neue Einsicht in das Verhalten der Elefanten nur durch die intensive Beobachtung der EBs gewonnen.

Ich war jetzt sicher, daß Echo trächtig war und bald gebären würde. Martyn und ich führten uns auf wie ein überbesorgtes Großelternpaar und registrierten jede noch so kleine Veränderung an Echo, die sich zusehends langsamer und träger bewegte, während ihr Umfang zunahm und ihr Euter praller wurde.

Nach meinen Aufzeichnungen beträgt die durchschnittliche Tragzeit bei den Amboseli-Elefanten 656 Tage. Bei Echo mußte es demnach am 24. Februar soweit sein. Aber natürlich gibt es bei einer so langen Tragzeit erhebliche Abweichungen, und sicher war nur, daß Echos Kalb irgendwann zwischen Mitte Februar und Mitte März zur Welt kommen würde.

Der 24. Februar rückte näher und näher. Es wurde nun immer wichtiger, daß wir Echo morgens so früh wie möglich fanden. Wir hatten wenig Hoffnung, daß wir die Geburt sehen würden, denn meiner Schätzung nach kommen 99 Prozent aller Kälber nachts zur Welt. Die Elefanten sind so entspannt in unserer Gegenwart, daß wir sonst bestimmt Dutzende von Geburten gesehen hätten, aber in all den Jahren haben meine Kollegen und ich nur zwei Geburten miterlebt. Aber Martyn und ich wollten zumindest sehen, wie Echos Kalb die ersten wackligen Schritte machte und seine neue Welt erforschte.

Es gelang uns auch, Echo jeden Morgen zu finden, bis wir am 24. Februar in ein ziemliches Dilemma gerieten. Als wir aus dem Camp fuhren, stießen wir auf die EA-Familie und stellten fest, daß eines der Weibchen, Elvira, im Östrus war. Weil bei den EBs außer Eudora keines der Weibchen im nächsten Jahr in den Östrus kommen würde,

Elspeth klettert auf Edwina drauf – ein sehr beliebtes Spiel bei kleinen Kälbern. Oft werden solche Spiele von den älteren Kälbern initiiert, aber manchmal wollen sie auch einfach nur schlafen, und dann kann so ein 200 kg schwerer Babyelefant auf dem Rücken ziemlich lästig werden.

hatten wir beschlossen, ein brünstiges Weibchen aus derselben Bond Group zu filmen, falls wir das Glück hatten, eines anzutreffen. Und da war nun Elvira, die sich vor den Bullen kaum retten konnte, und andererseits Echo, deren neugeborenes Kalb vielleicht schon auf uns wartete. Also rasten wir morgens in aller Frühe los, suchten die EB-Familie, um zu sehen, was Echo machte, versuchten dann, die EAs zu finden, und verbrachten den restlichen Tag mit Elvira. Das ging ein paar Tage so. Es war ziemlich zermürbend und auch nicht immer erfolgreich, denn an einem Tag verloren wir Elvira aus den Augen, aber wir konnten sie tatsächlich beim Paarungsakt beobachten. Zum Glück war Elviras Östrusperiode am 27. Februar zu Ende, und Echos Kalb war immer noch nicht da. An diesem Abend sahen wir sie mit den EBs am Rand des Palmendikkichts. Sie sah sehr müde und sehr unförmig aus.

Am 28. Februar verließen wir das Camp, als gerade die Sonne über einem schönen, klaren Morgen aufging. Langsam holperten wir den staubigen Weg hinunter. An der Abzweigung zur Serena Road sahen wir einen Geparden, der seelenruhig am Straßenrand entlangstolzierte, gefolgt von cirka 20 Minibussen. Wir hielten bei der Mongoose-Junction kurz an und beobachteten eine Manguste, die aus einem Loch in einem Termitenhügel hervorschoß, sich vorsichtig umschaute und dann mit ihrer Morgentoilette anfing. Dann sahen wir eine Gruppe von Elefanten nördlich der offenen Ebene am Rand der Tukai Ol Orok-Wälder, wo wir die EBs am Abend zuvor zurückgelassen hatten. Wir fuhren hin, und es war tatsächlich „unsere Familie". Echo und ihre Töchter Enid und Eliot standen einträchtig beisammen, und zwischen ihnen lag etwas Kleines – das Baby war gekommen!

Während wir uns näherten, kam Tolstoi zu Echo herüber und lehnte seine Stoßzähne und seinen Rüssel gegen ihren Rücken. Echo hatte immer noch Blut an den Innenseiten ihrer Hinterbeine, und die Geburtsflüssigkeiten scheinen die Bullen manchmal zu erregen. Echo wich ihm aus, indem sie sich umdrehte, und das Kalb verschwand zwischen all den Füßen und Beinen. Als ich das nächste Mal einen Blick auf das Kleine erhaschte, „kniete" es auf den Vorderfüßen, seine Kehrseite unserem Wagen zugewandt, und ich konnte sehen, daß es ein Männchen war. Das Kalb war meiner Schätzung nach zwei bis drei Stunden alt, gegen Ende der Nacht geboren.

Wir waren so mit unseren Aufnahmen beschäftigt, daß es eine Weile dauerte, bis sich die ersten Bedenken bei mir meldeten. Weder Martyn noch ich hatten das Kalb auf allen vier Füßen gesehen, seit wir gekommen waren. Obwohl es ein bißchen herumrutschte, „kniete" das Kalb noch immer auf seinen Fesselgelenken (das heißt, auf den Vorderfußwurzeln, die unseren Handgelenken entsprechen). Bei den beiden Geburten, die wir bisher im Verlauf unserer Studie hatten beobachten können, waren die Kälber spätestens 15 Minuten nach ihrer Geburt auf den Beinen gewesen. Außerdem hatte ich viele nur wenige Stunden alte Kälber beobachtet. Sie waren alle fähig gewesen, sich auf ihre vier Füße zu stellen. Bei diesem Kalb aber waren die Gelenke völlig mit Schmutz bedeckt, und es kniete offensichtlich schon eine ganze Weile darauf.

Fünf Minuten vergingen, in denen Tolstoi sich davontrollte und das Kalb auf den Knien weiterrutschte. Echo und Enid schlangen abwechselnd ihren Rüssel um das Baby und versuchten es vorsichtig aufzuheben. Das Kalb war außergewöhnlich groß und robust und sehr aktiv. Es reckte sich hoch und versuchte, bei Echo oder Enid zu trinken, wobei es mehrmals am falschen Platz suchte – an den Hinterbeinen, Flanken, Vorderfüßen –, wie das offenbar alle neugeborenen Kälber machen. Nach weiteren 20 Minuten entfernte sich Eliot und folgte der restlichen Familie, die in nördlicher Richtung zwischen den Palmen verschwunden war. Kurz darauf kam sie wieder zurück; offensichtlich konnte sie sich nicht entscheiden, ob sie bei ihrer Mutter bleiben oder den anderen EBs folgen sollte. Fünf Minuten später rannte sie grummelnd und trompetend in Richtung Norden davon und überließ Echo, Enid und das Baby ihrem Schicksal.

Die drei standen weithin sichtbar in der offenen Landschaft, vom hellen Morgenlicht beschienen. Ich entdeckte die rotglitzernde Plazenta ungefähr 30 Meter weit weg auf dem Boden. Also hatte sich das Kalb offenbar so gut wie gar nicht bewegt. Erst in diesem Moment wurde mir so richtig bewußt, daß das Kalb noch nicht ein einziges Mal auf seinen vier Beinen gestanden hatte, daß also irgend etwas mit ihm nicht stimmte. Zwei gelbbraune Adler hatten die Plazenta ebenfalls entdeckt und stürzten sich gierig darauf. Innerhalb von Minuten waren Dutzende von Geiern zur Stelle und stritten sich zischend und krächzend um die nahrhafte Beute. Ich beobachtete das Kalb sehr genau, wenn es sich auf die Seite oder auf die Brust legte. Seine Füße waren ganz zurückgebogen und offenbar völlig unbeweglich. Mit einer Ausnahme war dieses Kalb das größte Neugeborene, das ich je gesehen hatte, und ich fragte mich, ob seine Füße vielleicht deshalb so gewachsen waren, weil es nicht genug Platz in der Gebärmutter gehabt hatte. Ich wußte, daß das Kalb mit seinen verkrümmten Füßen nicht lange am Leben bleiben würde. Selbst wenn es sich eine Zeitlang so weiterschleppte, würden seine „Knie" bald wund und entzündet sein, und außerdem würde es vorher verhungern.

Aber das war ein Irrtum. Gegen 9 Uhr fand das Kalb – in einer beachtlichen Kraftanstrengung – Echos Zitzen und fing zu saugen an. Für neugeborene Elefantenkinder ist es oft nicht leicht, an die Zitzen der Mutter zu kommen. Sie müssen sich quasi auf ihre Hinterbeine stellen, besonders wenn das Kalb sehr klein und die Mutter sehr groß ist. Echos Kalb war groß und stark, und wenn es sich mit zurückgebogenem Kopf hochreckte, konnte es die Zitzen gerade noch erreichen. Ich war von dieser Leistung zugleich

Oben und rechts: Elys Vorderfüße waren bei der Geburt nach hinten gebogen und vollkommen unbeweglich. Echo und Elys ältere Schwester Enid versuchten ihn auf die Füße zu heben und zum Laufen zu ermuntern, aber er konnte nur „knien“ und kurze Strecken vorwärtsrutschen.

begeistert und entsetzt. Ich war fest überzeugt, daß der Kleine sterben würde. Mit seiner Geschicklichkeit würde er die Todesqualen für sich und Echo nur verlängern.

In den nächsten Stunden versuchte Echo alles, was eine Elefantenmutter tun kann, um ihr neugeborenes Kalb auf die Beine zu bringen. Sobald sich der Kleine hinlegte, schubste sie ihn mit dem Fuß an und hob ihn mit dem Rüssel und dem Fuß in die Höhe. Manchmal reagierte der Kleine mit dem rauhen, tiefen Baby-Hilfeschrei darauf. Wenn er sich auf die Knie aufgerichtet hatte oder zu saugen versuchte, ging Echo ein paar Schritte weit weg, um ihn weiterzulocken. Entweder rührte er sich dann gar nicht, oder er rutschte mühsam ein Stück vorwärts, bevor er wieder zusammenbrach. Enid versuchte ebenfalls, ihm zu helfen, und Echos Verhalten ihr gegenüber war faszinierend zu beobachten. Zuerst ließ sie es zu, daß Enid das Kalb anschubste und hochzuheben versuchte, aber später drängte sie Enid mit den Stoßzähnen sanft von ihm weg. Es war eine vorsichtige, behutsame Zurückweisung – überhaupt nicht aggressiv. Während sie zusammen über dem Baby standen, streckte Enid immer wieder hilfesuchend den Rüssel nach Echos Mund aus.

Um 11.00 Uhr standen sie immer noch am Rand der Lichtung in der prallen Sonne. Seit wir gekommen waren, hatten sie nicht mehr als 20 Meter zurückgelegt. Echo und Enid schlackerten heftig mit den Ohren, um sich abzukühlen. Sie müssen sehr durstig gewesen sein, besonders Echo nach der anstrengenden Geburt. Ab und zu gab Echo einen Kontaktruf von sich und lauschte dann angestrengt. Wir hörten nichts, Echo offenbar schon. Kurz nachdem sie einen dieser Rufe ausgesandt hatte, fing Enid zu rumpeln an und ging ungefähr zehn Meter in die Richtung, die die Familie eingeschlagen hatte. Sie kehrte ihrer Mutter und ihrem Bruder den Rücken zu, aber sie drehte den Kopf nach ihnen um. Dann machte Echo einen neuen Versuch, ihr Baby auf die Beine zu stellen. Der Kleine schrie, und Enid kam sofort zurückgerannt und befühlte und streichelte ihn mit ihrem Rüssel. Sie ging noch zweimal weg, aber sobald das Kalb zu schreien anfing, kam sie zurück. Ich war erschüttert, wie stark ihr Beschützerinstinkt gegenüber ihrem kleinen Bruder war.

Eine halbe Stunde später wanderte Enid zu einem kleinen Wasserloch hinüber und spritzte sich mit Schlamm voll. Wieder kam sie sofort zurück, als sie das Kalb schreien hörte. Um die Mittagszeit brachte Echo ihr Kalb mit ein paar unsanften Stößen auf Trab, und der Kleine kroch hinter ihr her. In den nächsten zwanzig Minuten schleppten sie sich ungefähr 15 m weit zu einem kleinen, verschlammten Wasserloch, wo Echo und Enid sich mit Schlamm bespritzten und das Kalb dabei ebenfalls naß machten. Der Kleine legte sich hin, so daß sein Rüssel halb unter Wasser war, und gurgelte mühsam bei jedem Atemzug. Echo grub ein Loch, wartete, bis sich das Wasser darin gesammelt hatte, und trank dann drei Rüssel voll. Dann kam sie aus dem Loch heraus. Das Kalb richtete sich auf und saugte zum zweiten Mal. Offensichtlich brauchte es ein bißchen mehr als die heiße Sonne und ein kleines Wasserloch, um dieses robuste, willensstarke Kalb zur Strecke zu bringen. Ich wünschte mit aller Kraft, daß seine Füße sich streckten, aber sie blieben so steif, wie sie waren.

Nach dem Schlammbad und der mehr als dürftigen Tränke legten sich die drei Tiere am Waldrand zur Ruhe. Martyn und ich fuhren um 13.30 Uhr zum Essen ins Camp zurück, aber wir brachten keinen Bissen hinunter. Stundenlang hatten wir die tapferen Kämpfe des kleinen Kalbs und die Verzweiflung seiner Mutter und Schwester mitangesehen, und ich war völlig erschöpft und niedergeschlagen. Nach dem Essen ging ich zum Parkhüter und erzählte ihm von dem mißgebildeten Kalb. Er hörte sich die Sache an und entschied, daß kein Grund zum Eingreifen vorlag.

Die kenianischen Behörden praktizieren in ihren Naturschutzparks eine Politik der Nichteinmischung. Zum Beispiel werden verhungernde Löwenbabys nicht gefüttert und kranke Tiere nicht behandelt, es sei denn, sie gehören einer vom Aussterben bedrohten Spezies an, wie zum Beispiel das schwarze Rhinozeros. Ich unterstütze diese Politik voll und ganz, denn ich bin auch der Meinung, daß wir uns nicht in natürliche Prozesse und Populationen einmischen sollten. Aber das macht es einem auch nicht leichter, den Überlebenskampf eines verkrüppelten Elefantenbabys und die verzweifelten Rettungsversuche seiner Mutter und Schwester tatenlos mitanzusehen. Trotz aller Einwände hielt ich es für gerechtfertigt, mich an den „Kenya Wildlife Service“, bzw. einen ihrer Tierärzte zu wenden. Ich hatte ohnehin eine wichtige Angelegenheit mit dem Direktor, Richard Lakey, zu besprechen, und so fuhr ich am nächsten Tag nach Nairobi, während Martyn die Stellung bei den Elefanten hielt.

Um 15.00 Uhr fuhr Martyn mit meiner Assistentin Soila los. Später stieß ich zu ihnen. Echo, Enid und das Kalb hatten sich ungefähr 30 m weiterbewegt und standen in der Nähe eines größeren Wasserlochs, an dem Echo ihren Durst vermutlich einigermaßen gelöscht hatte. Das Kalb lag auf dem Boden und sah schwach und erschöpft aus. Wir

befürchteten, daß es trotz all seiner Willenskraft bald sterben würde. Nachdem ich die drei eine Weile beobachtet hatte, kehrte ich widerstrebend ins Camp zurück und packte meine Sachen. Martyn kam vor Einbruch der Dunkelheit ziemlich niedergeschlagen zurück. Er sagte, das Kalb hätte fast den ganzen Nachmittag geschlafen, aber es hätte wieder getrunken. Am späten Nachmittag hatte es zu regnen angefangen, wie es nach der drückenden Mittagshitze zu erwarten gewesen war. Ich wußte nicht, ob der Regen sich positiv oder negativ auf das Kalb auswirken würde.

Am nächsten Tag, dem 1. März, fuhr Martyn in aller Frühe mit meiner Assistentin Norah hinaus. Ich war gerade mit Packen fertig und aufbruchsbereit, als er zurückkam. Er hatte die EBs gefunden. Das Kalb lebte noch und schleppte sich offenbar ganz gut auf seinen Knien voran. Martyn meinte auch, daß die Füße des Kleinen ein ganz kleines bißchen beweglicher geworden seien. Obwohl er nicht ausschließen konnte, daß es sich dabei um pures Wunschdenken handelte, brachte mich dieser Hoffnungsstrahl von meinen Plänen ab, und ich rief den KWS-Tierarzt nicht an, als ich nach Nairobi kam.

Martyn führte gewissenhaft Tagebuch, während ich weg war. Hier ein paar Auszüge aus seinen Aufzeichnungen, die mit dem 1. März beginnen:

„Wir fanden Echo, Enid und das Kalb nicht weit von der Stelle, an der wir sie gestern abend zurückgelassen hatten. Das Kalb stand aufrecht, aber seine Füße waren immer noch abgeknickt. Es sah kräftiger aus als gestern abend. Vielleicht hatte ihm die kühle Nacht gutgetan. Wir saßen da und beobachteten im trüben Morgenlicht, wie das Kalb sich langsam hinter Echo und Enid herschleppte. Es legte sich nur selten hin und versuchte dauernd zu trinken. Manchmal glückte ihm das auch, aber es war eine ungeheure Anstrengung. Der Kleine kam nur an die Brust heran, wenn er sich auf den Hintern setzte. Dann konnte er sich weit genug zurückbeugen, um die Brust zu erreichen. Sein lautes Schlürfen verriet uns, wann er es geschafft hatte."

Linke Seite: Am zweiten Tag waren Elys Fesselgelenke ein kleines bißchen beweglicher. Er konnte Echos Brust besser erreichen und trinken, aber er war immer noch hoffnungslos verkrüppelt. Echo und Enid ließen ihn trotzdem nicht im Stich und paßten ihre Bewegungen und Schritte geduldig seinem Tempo an.

Im Lauf des Morgens kamen andere Elefanten, die Echo und das neue Kalb inspizierten und dann wieder verschwanden. Später tauchte die ganze EB-Familie auf, und es gab eine lautstarke und überschwengliche Begrüßung. Sie rasten mit hochgereckten Köpfen und flappenden Ohren zu Echo hinüber, rumpelten und trompeteten und kehrten der Leitkuh und ihrem Baby abwechselnd die Vorder- und Rückseite zu. Bei ihnen allen strömten die Schläfendrüsen vor Aufregung.

Nachdem Martyn und Norah sich am Vormittag von mir verabschiedet hatten, kehrten sie zu Echo, Enid und dem Kalb zurück und verbrachten den Rest des Tages mit ihnen. Die Familie war wieder fortgegangen, und Echo bewegte sich tiefer in die Palmen hinein. Am Ende des Tages schrieb Martyn:

„Eine Szene ist mir besonders lebhaft in Erinnerung. Die drei Elefanten kamen aus dem Palmenhain auf uns zu. Die beiden älteren Tiere drehten sich beim Gehen dauernd nach dem Kalb um, das hinter ihnen herrutschte. Alle paar Schritte blieben sie stehen und warteten, bis es sie eingeholt hatte. Sie kamen nur sehr langsam vorwärts, aber sie zeigten keinerlei Ungeduld mit dem Kalb. Es war ein bewegender Anblick und ein neuer Beweis für die unglaublich fürsorgliche Natur dieser Tiere."

Am 3. März fuhr Martyn mit Norah in der ersten Morgendämmerung hinaus. Nach einigem Suchen fanden sie Echo, Enid und das Kalb tief in den Palmen versteckt. Sie warteten, bis Echo mit dem Kalb hervorkam, das auf den Knien hinter ihr herrutschte. Martyn berichtete weiter:

„Enid kam als letzte, und als sie die offene Fläche erreicht hatten, fingen sie zu grasen an. Und dann erlebten wir eine Überraschung. Das Kalb kniete neben Echo, aber plötzlich hievte es sich mit letzter Kraft auf die Sohlen seiner Vorderfüße hoch. Ich traute meinen Augen kaum, aber ich hatte mich nicht getäuscht. Es kam tatsächlich Bewegung in die steifen Gelenke. Das Kalb versuchte wirklich, auf seinen Vorderfüßen zu stehen, was ihm auch halbwegs gelang. Ich hätte jubeln können, und plötzlich war ich ganz sicher, daß der Kleine es schaffen würde!

Wir folgten ihnen bis zu einer kleinen Lichtung, wo sie eine Weile ausruhten, zumindest Echo und Enid. Der Kleine hingegen gab uns eine neue Kostprobe seiner unglaublichen Tapferkeit und Willenskraft. Während Echo ruhte, rutschte das Kalb an ihre Zitzen heran. Es bog seinen Körper zurück, bis die Vorderbeine fast gerade waren. Vorsichtig und ganz langsam verlagerte der Kleine sein Gewicht wieder nach vorne und

Mit unglaublicher Willenskraft und Zähigkeit stemmte sich Ely am dritten Tag auf alle vier Füße hoch. Er fiel zwar immer wieder um und mußte sich noch ziemlich plagen, aber von da an hatte er gewonnen.

streckte jetzt gleichzeitig alle vier Beine durch. Einen Augenblick stand er aufrecht, bevor er auf seine Knie zurückplumpste. Die anderen Elefanten verhielten sich ganz still, während das Kalb die langwierige und wahrscheinlich schmerzhafte Prozedur wiederholte. Es zitterte vor Anstrengung, wenn es nur einen Augenblick auf seinen kleinen Beinen zu stehen versuchte. Wir hielten bei jedem neuen Anlauf vor Aufregung den Atem an. Endlich richtete sich der Kleine zu seiner vollen Größe auf und stand wacklig auf allen vier Füßen. Er wollte einen Schritt auf Echos Zitzen zu machen, aber sobald er den Fuß hob, kippte er wieder um. Unbeirrt kam er wieder hoch, stand auf, fiel wieder um, und das immer und immer wieder. Aber trotzdem – was für ein Riesenfortschritt seit gestern!"

Es regnete heftig an diesem Nachmittag. Als Martyn und Norah am folgenden Morgen hinausfuhren, war alles feucht, und die Straßen waren teilweise überflutet. Die Regenzeit war endgültig gekommen. Martyn schrieb:

„Wir fanden die ganze EB-Familie am nördlichen Ende des Ol Tukai Orok. Natürlich hielten wir als erstes nach dem Kalb Ausschau und brauchten auch nicht lange zu suchen. Es sah jetzt viel stärker aus, und es konnte gehen! Die kleinen Beine trugen sein Gewicht. Im Gegensatz zu gestern kam der Kleine tatsächlich vorwärts und blieb auf den Füßen. Die Fesselgelenke drohten nach wie vor einzuknicken, aber er war jetzt stark genug, sich aufrecht zu halten. Während die anderen ruhten, stolperte und hinkte er herum und saugte bei Echo. Wenn es nach uns ging, konnte er jetzt gar nicht genug trinken, während wir noch vor kurzem gehofft hatten, er würde seine sinnlosen und qualvollen Anstrengungen aufgeben. Und nun benutzte er sogar eine Zeitlang seinen rechten Vorderfuß, um mit einem Baumstamm zu spielen. Offenbar wollte er seinen Fuß kräftigen, indem er ihn abknickte, gegen den Baumstamm preßte und zu strecken versuchte.

Schließlich zogen die anderen los und fingen unterwegs zu grasen an. Wenn sie grasten, war es leichter für das Kalb, mit der Familie mitzukommen. Sie konnten nicht mehr allzu lange Rücksicht auf den Kleinen nehmen. Sie kamen nicht sehr weit an diesem Morgen, aber wenn sie sich bewegten, hielt er tapfer mit."

Als Martyn mich am 3. März anrief, hörte ich seiner Stimme sofort an, daß er eine wunderbare Nachricht für mich hatte, und meine Schuldgefühle waren wie weggeblasen. Es war richtig, daß ich nicht versucht hatte, in die natürlichen Lebensprozesse einer Wildtierpopulation einzugreifen!

Am 4. März rief mich Martyn wieder an und erzählte mir, daß das Kalb jetzt recht gut laufen konnte und kaum noch hinkte und stolperte wie am Tag zuvor. Es saugte, ging, legte sich hin und stand wieder auf wie jedes andere wenige Tage alte Kalb. Ich war überglücklich und suchte sofort nach einem Namen für das Wunderbaby. Weil der Kleine ja quasi eine Wiedergeburt erlebt hatte, wollte ich ihn „Easter" taufen, aber ich hatte Angst, daß sich vielleicht einige Leute daran stoßen würden. Am Ende griff ich auf den ersten Namen zurück, der mir in den Kopf gekommen war, als wir sicher wußten, daß Echo ein Kalb bekommen würde: Ely. Es war ein kurzer, einfacher Name, und ich hatte schon fast alle „E“-Namen in meinen fünf Namensbüchern einschließlich einem Heiligen-Verzeichnis verbraucht.

Am nächsten Tag ging ich zur „African Wildlife Foundation“ (AWF), um mehr über Elys anfängliche Mißbildung zu erfahren. Gary Tabor, ein Tierarzt, der erst seit kurzem bei der AWF war, war noch nie auf ein solches Problem gestoßen, aber er schaute in seinen Büchern für mich nach. Meiner Beschreibung nach hatte Ely eine „Fesselgelenk-Flexur“, ein Phänomen, das bei domestizierten Tieren, unter anderem auch Pferden, bekannt war, aber nicht bei Elefanten. Angeblich kommt es zu einer solchen Verkümmerung, wenn das Muttertier sehr viel kleiner als das Vatertier und das Junge verhältnismäßig groß ist. Meine erste Vermutung war also richtig: Weil Ely so groß war, waren seine Beine im letzten Stadium von Echos Trächtigkeit zusammengedrückt worden, so daß die Gelenke bei der Geburt vollkommen steif waren. Ich redete auch mit Mark Stanley Price, dem Direktor der AWF, der etwas Derartiges schon einmal bei einem Antilopenkalb in Oman gesehen hatte. Interessanterweise hatte er sich auch mit der Frage herumgeschlagen, ob er nun eingreifen sollte oder nicht. Er hatte es nicht getan, und das Kalb, ein Weibchen, blieb am Leben und brachte der Herde später eine zahlreiche Nachkommenschaft.

Dummerweise konnte ich erst am 7. März einen Rückflug nach Amboseli ergattern. Als die Maschine zur Landung ansetzte und dicht am Boden entlangflog, erspähte ich eine kleine Elefantengruppe im nördlichen Longinye-Sumpf, und nicht weit davon meinen Landrover. Norah und Soila, die mich von der Landepiste abholten, erzählten mir, daß die EBs am Vortag zum Longinye-Sumpf hinübergewandert seien, was bedeutete, daß Ely mindestens drei Kilometer gelaufen war. Martyn stieß auch bald zu uns, und dann fuhren wir alle zu „unserer“ Familie hinaus. Als wir ankamen, waren die EBs schon ins Schilf gegangen, aber ich sah, wie der kleine Ely kraftvoll und energisch durch Schlamm und Wasser pflügte. Ich hätte am liebsten Hurra gebrüllt.

DIE REGENZEIT

März bis Mai 1990

März

In den meisten Jahren meiner Forschungen hatte die lange Regenzeit erst im April richtig eingesetzt, aber diesmal war sie schon Anfang März in vollem Gang. Es war ein willkommener Wechsel. Wenn man ein paar Jahre in den trockeneren Gegenden von Afrika gelebt hat, begreift man erst, welche Bedeutung der Regen hier hat. Er bringt nicht nur der Erde, sondern auch den Menschen und Tieren in Afrika neues Leben.

Der Regen wäscht alles sauber und zaubert phantastische Himmel hervor, bei denen sich in jeder Ecke etwas anderes abspielt. Das flache Becken des alten Amboseli-Sees bietet einen herrlichen Rundblick über den ganzen Himmel. Oft ist er im Westen strahlend blau, während sich im Norden riesige Cumulus-Wolken zusammenballen und im Osten eine schwarzgraue Sturmfront heranzieht. Dazwischen zeigt sich vielleicht ein Regenbogen, und wenn man schließlich nach Süden blickt, ragt die Spitze des Kilimandscharo aus einem Knäuel wirbelnder Wolken heraus.

Die Regenzeit ist auch eine Zeit der Üppigkeit, denn die Gräser, Kräuter und Sträucher, die unter dem Regen hervorsprießen, bieten reichlich Nahrung für alle Tiere. Im Amboseli-Park kündigen die einsetzenden Regen eine dramatische Veränderung der Wandergewohnheiten vieler Pflanzenfresser an. Elefanten, Büffel, Zebras, Gnus, sowie Grant- und Thompson-Gazellen sind Wandertiere. In der Trockenzeit konzentrieren sie

---

Linke Seite: Sturmwolken ziehen an einem wildbewegten Amboseli-Himmel auf. Bei einer Niederschlagsmenge von nur 300 mm pro Jahr ist der Regen immer etwas Kostbares und Willkommenes.

sich zur Wasser- und Nahrungsaufnahme um die Amboseli-Sümpfe, aber sobald es regnet, verlassen sie das Becken und ziehen in die angrenzenden, höher gelegenen Gebiete, deren rote Böden nahrhaftere und schmackhaftere Vegetation hervorbringen. Bei den Gnus und Zebras nimmt diese Abwanderung oft extreme Formen an, das heißt, der Park kann nach dem ersten Regen über Nacht wie leergefegt sein, obwohl er am Tag davor noch so bevölkert wie eine Viehweide war.

Die Elefanten wanderten früher genauso schnell ab wie andere wandernde Pflanzenfresser. Doch in den letzten Jahren blieben sie im allgemeinen näher am Park. Dieser Wandel machte sich bemerkbar, als die Massai 1977 endgültig den Park verließen. Die Elefanten lernten schnell, wo sie vor den Massai sicher waren und wo nicht. Aber da es jedes Jahr immer wieder ein paar Speer-Überfälle gibt, bleiben sie mißtrauisch. Sie wandern nach wie vor zwischen dem Park und den umliegenden Gebieten hin und her, doch außerhalb des Parks grasen sie überwiegend nachts, wenn die Massai und ihre Viehherden sich in ihren *Bomas* (Dorneneinfriedungen) aufhalten.

Trotzdem lassen sich auch heute noch deutliche jahreszeitliche Unterschiede im Tagesablauf und der sozialen Organisation der Elefanten erkennen. Während der Trokkenzeit wandern die einzelnen Familien meistens allein in ihrem Clan-Gebiet und mischen sich nur selten mit anderen Gruppen. Normalerweise verläßt eine Familie nachts das Becken, grast und schläft im südlichen oder nördlichen Buschland und wandert am Tag in die Sümpfe zurück. Es kommt vor, daß einzelne Familien ein paar Stunden am Tag nahe beieinander grasen, aber abends trennen sie sich meistens wieder. Auch die Bullen bleiben im allgemeinen in ihren Bullen-Revieren und besuchen die Weibchen-Herden nur selten.

Nach den ersten Regen dauert es gewöhnlich noch mindestens eine Woche, bis die aufblühende Vegetation die Elefanten dazu bringt, ihre Trockenzeit-Routine aufzugeben. Aber von Anfang an zeigen sie sich erregt und rastlos, was in vermehrten Rufen und sozialen Interaktionen zum Ausdruck kommt. Die Familien schließen sich dann bald zu größeren Gruppen von 40, 50 oder 60 Tieren zusammen, auch Bullen mischen sich unter die Kühe und Kälber. Diese Gruppen verlassen schließlich ihr Trockenzeitgebiet und wandern in die Gegenden mit der besten Vegetation ab. Dort treffen sie vielleicht mit anderen Familien aus anderen Clans oder der anderen Subpopulation zusammen. In niederschlagsreichen Jahren können sich Großverbände von über 500 Tieren bilden.

Zu dieser Jahreszeit und in diesen großen Herden ist das Sozialleben der Elefanten am ausgeprägtesten. Für die Erwachsenen ist es eine gute Gelegenheit, ihre Bindungen untereinander zu erneuern, alte Rivalen zu beschnüffeln, Rangordnungen festzulegen und geeignete Paarungspartner zu finden. Für die Jungtiere ist es eine wichtige Lernphase, in der sie viel von den Erwachsenen abschauen und ihre Kräfte mit den Altersgenossen messen können. Wenn man solche Herden beobachtet, kommt man sich manchmal wie ein Zaungast bei einem endlosen Familienfest vor. So findet in einem Abschnitt vielleicht gerade eine lautstarke Begrüßungszeremonie zwischen zwei Gruppen statt, während nicht weit davon ein paar Kälber sich in einem Knäuel aus Rüsseln, Füßen, Beinen und Ohren zappelnd und strampelnd auf dem Boden herumwälzen. Unterdessen liefern sich im Mittelteil der Herde drei junge Bullen ein heftiges Scheingefecht, und in den Randbezirken wird ein heißes Weibchen von mehreren Bullen gejagt. Und irgendwo in der Nähe geraten vielleicht zwei kampfwütige Musth-Bullen aneinander.

Als ich am 7. März nach Amboseli zurückgekommen war und zu meiner Freude feststellte, daß Ely schon recht gut in seiner Familie mitlaufen konnte, machten sich bei den Elefanten die ersten Anzeichen ihres Wandertriebs bemerkbar. Sie bewegten sich außerhalb ihres gewohnten Streifgebiets und schlossen sich mit anderen Gruppen zusammen. Wir wußten, daß es jetzt immer schwieriger werden würde, die EBs und Ely im Auge zu behalten.

Am folgenden Tag fuhren wir zu den nördlichen Longinye-Sümpfen hinüber, wo wir die EBs am Vortag gesehen hatten. Aber es waren keine Elefanten in Sicht. Wir kurvten durch das Buschland und kamen an einem Hyänenbau vorbei, der offenbar vor kurzem noch bewohnt gewesen war. Hierauf fuhren wir weiter in ein Gebiet östlich des Longinye-Sumpfs, das die Massai „Olodo Are" (Ort des roten Wassers) nennen, und das weit außerhalb des Trockenzeitgebiets der EBs liegt. Nach einigem Suchen fanden wir die Elefanten am äußersten Rand von Olodo Are, in einem Teil des Parks, der zu meinen Lieblingsplätzen gehörte. Das Gebiet besteht aus einem langen Streifen *Acacia tortilis*-Wald, vor dem sich samtig-grünes, mit weißblühenden Sträuchern gesprenkeltes Grasland ausbreitet. Hinter den Bäumen ragt der Kilimandscharo hervor – ein überwältigendes Farbenspiel von Dunkelgrün, Blau, Violett und blendendem Weiß.

An diesem Morgen waren über 200 Elefanten in lockerer Gruppierung über die Ebene verstreut. Einige ruhten, andere grasten, und wieder andere wanderten bereits in

Wenn der Regen kommt und die Vegetation sich erneuert, haben die Elefanten mehr Zeit für gesellige Kontakte und Spiele.
Oben: Zwei junge Erwachsene, ein Männchen und ein Weibchen, beim „Rüsselringen".
Rechts: Drei der kleinsten EB-Kälber klettern auf Edwinas Rücken, die sich in diesem Fall hingelegt hat, um das Spiel in Gang zu bringen.

Richtung Longinye-Sumpf davon. Wie nicht anders zu erwarten, hielten sich die EBs dicht bei den EAs auf, mit denen sie eine enge „Bond Group" bildeten.

Nicht lange nach unserer Ankunft brachen sie alle in Richtung Longinye-Sumpf auf. Die EBs und EAs nahmen den Weg über die offene Pfanne. Echo ging an der Spitze, und Ely rannte neben ihr her. Er schlug sich wacker, obwohl er noch ein bißchen unsicher auf den Beinen war. Als sie das abschüssige Gelände in der Nähe des Sumpfs erreichten, stolperte Ely und rutschte mehr oder weniger auf den Knien hinunter, aber er rappelte sich gleich wieder auf und raste weiter. Die Elefanten gingen jetzt ziemlich schnell, vielleicht weil sie durstig waren und trinken wollten. Die EBs hatten seit letzter Nacht

einen langen Weg vom nördlichen Longinye-Sumpf bis hierher zurückgelegt – mindestens 7 Kilometer, wahrscheinlich sogar noch mehr. Offenbar nahm die Familie jetzt keine besonderen Rücksichten mehr auf Ely.

Sie kamen an ein Wasserloch und tranken; ein paar von ihnen spritzten sich mit Schlamm voll, während die meisten zu fressen anfingen und in den morastigen Teil des südlichen Longinye-Sumpfs abdrifteten. Dorthin konnten wir ihnen nicht folgen, also fuhren wir ins Camp zurück. Am Nachmittag schauten wir im selben Gebiet noch einmal nach den Elefanten. Unter einem dunklen, bleiernen und sehr bedrohlich aussehenden Himmel fanden wir sie in einer dichtgedrängten Herde von über 300 Tieren. Sie zogen in breiter Front über die Ebene zum Olodo Are-Gebiet. Es war ein überwältigender Anblick – mehr als 20 Familien, darunter zahlreiche Bullen. Einer der größten Bullen in der Population, der majestätische M22, bedrängte ein junges Weibchen, das im Östrus war. Wir konnten Ely zwischen den vielen Säulenbeinen kaum sehen, und als wir endlich doch einen Blick auf ihn erhaschten, sah er sehr müde aus. Seine Beine wirkten ein bißchen wacklig, er hielt sich nur mühsam aufrecht.

Ich war trotzdem nicht allzusehr beunruhigt, denn Echo war eine erfahrene Mutter, die schon viele Kälber erfolgreich aufgezogen hatte, seit ich sie zum erstenmal gesehen hatte, und ich wußte, daß sie und ihre Familie den Kleinen nicht überfordern würden. In der Tierwelt gibt es, grob gesagt, zwei gegensätzliche Fortpflanzungsstrategien: Tiere, die in kurzen Abständen zahlreiche Nachkommen produzieren, in der Hoffnung, daß einige davon überleben, und Tiere, die in langen Abständen ein oder zwei Nachkommen hervorbringen und sehr viel Mühe und Sorgfalt in ihre Aufzucht investieren. Elefanten gehören der letzteren Kategorie an: Sie bringen nur ein Kalb, ganz selten auch zwei, nach einer Tragzeit von 22 Monaten zur Welt. Wenn das Kalb stirbt, dauert es mindestens zwei Jahre, bis die Elefantenmutter neuen Nachwuchs bekommt. Wenn das Kalb überlebt, bekommt sie frühestens in vier oder fünf Jahren den nächsten Nachwuchs und hat dann bereits sechs oder sieben Jahre in das ältere Kalb investiert. So ist es auch nicht weiter verwunderlich, daß eine Elefantenmutter mit Argusaugen über ihre Kälber wacht und sie bis zum letzten Atemzug verteidigt.

In der Natur gilt der Grundsatz: Je mehr man von seinen Genen weitergibt, desto besser. Und der Erfolg läßt sich daran messen, wieviele Nachkommen ein Individuum bis zur Geschlechtsreife durchbringt und wieviele seiner Verwandten ebenfalls die Geschlechtsreife erreichen, seien es Brüder, Schwestern, Enkel, Nichten, Neffen oder Vettern. Dieses unbewußte Ziel ist sicherlich eine mächtige Triebfeder für das Verhalten der Elefanten und ihre soziale Organisation. Vielleicht haben sich die Familieneinheiten deshalb herausgebildet, weil sie die beste Garantie für die erfolgreiche Aufzucht der Kälber darstellen und zudem einzelnen Gruppen von eng verwandten Individuen einen optimalen Schutz und erheblich bessere Lebensbedingungen bieten.

Eine große, erwachsene Elefantin ist ein eindrucksvoller Anblick, und man sollte meinen, daß sie ihre Kälber gegen jeden Angriff verteidigen kann. Aber das ist ein Irrtum: Auf sich allein gestellt, mit zwei wehrlosen und gänzlich abhängigen Kälbern im Schlepptau, hätte sie wenig Chancen, zum Beispiel eine Hyänenmeute abzuschütteln. Oder Säbelzahntiger und Vorzeitmenschen in den frühen Stadien der Evolution. Dagegen kann sich eine Gruppe von 10 bis 15 Elefanten mit drei oder vier Erwachsenen zu einem wirksamen Schutzwall gegen Raubtiere formieren, und die kleinsten Kälber können sich hinter und unter den Großen verstecken. Alle Weibchen profitieren von diesem gegenseitigen Schutz, der sie als Individuen weniger verwundbar macht und nicht nur ihre eigenen, sondern auch die Fortpflanzungschancen ihrer Schwestern, Mütter, Töchter und Tanten erhöht.

Aber die Familie ist nicht nur ein Schutzwall gegen Raubtiere, sondern auch eine wichtige Hilfe bei der Kälberaufzucht. Ein Elefantenkalb reift sehr langsam heran. Bis es erwachsen ist, braucht es viel Aufmerksamkeit und Anleitung von den älteren Verwandten. Es wird immer noch darüber gestritten, welche Verhaltensweisen bei Tieren angeboren sind und welche erlernt oder erworben werden müssen. Elefanten kommen zweifellos mit einigen angeborenen Verhaltensmustern zur Welt, aber offenbar muß ein großer Teil ihrer späteren Erwachsenenaktivitäten erst erlernt werden. Wir hofften, daß wir durch Ely etwas von diesem Lernprozeß, besonders im ersten Lebensjahr eines Kalbs, erfahren würden.

In den nächsten paar Tagen zogen die EBs weiterhin durch Gebiete, in denen wir sie entweder verloren oder ihnen gar nicht erst folgen konnten. Dann kehrten sie am 13. März zu ihrem alten Stammplatz, dem Ol Tukai Orok zurück, und wir hatten Gelegenheit, Ely zu beobachten und seine Fortschritte festzuhalten. Er war jetzt zwei Wochen alt, konnte mit der Familie mitlaufen und saugte regelmäßig, aber das war auch schon alles. In allen anderen Dingen war er vollkommen auf den Schutz und die Fürsorge seiner Mutter und der anderen EB-Mitglieder angewiesen.

Der Regen bringt auch Schlamm mit sich. Ely und Enid versuchen sich so schmutzig wie nur möglich zu machen, aber die Sache hat auch einen praktischen Zweck, denn die Schlammschicht kühlt den Körper ab und umhüllt ihn mit einer natürlichen Sonnenschutz-Lotion.

Echo mit ihren beiden jüngsten Kälbern Ely und Eliot. Wenn ihre ältere Schwester anderweitig beschäftigt ist, kann Eliot den Kleinen endlich auch einmal bemuttern. Junge Weibchen fühlen sich unwiderstehlich zu kleinen Kälbern hingezogen.

An diesem Morgen bewegte sich die Familie zu einem Wasserloch, wo die Erwachsenen und älteren Jungtiere tranken. Ely blieb dicht bei Echo und streckte häufig seinen Rüssel aus, um sie zu beschnüffeln und zu berühren. Ely und Echo waren umringt von einem ganzen Schwarm junger Weibchen, die alle so dicht wie möglich an Ely heranzukommen versuchten. Elys ältere Schwester Enid hielt die anderen auf Abstand, während sie selbst den wichtigsten Platz einnahm, das heißt beschützend über ihm stand. Junge Weibchen fühlen sich von kleinen Kälbern unwiderstehlich angezogen. Sie scharen sich begeistert um ein Neugeborenes, versuchen es zu berühren, an sich zu ziehen oder hochzuheben. Die Mutter sieht das in den ersten Tagen möglicherweise nicht so gern, und wenn es ihr zuviel wird, jagt sie alle außer einer älteren Tochter weg. Nach einiger Zeit sind aber die meisten Mütter ganz froh, wenn die jungen Weibchen sich um ihr Kalb kümmern.

Die Betreuung von Kleinkindern durch Individuen, die nicht die Mutter des Kindes sind, nennt man „Allomothering“ ("Fremdbetreuung"). In der Elefantengesellschaft fällt diese Aufgabe den weiblichen Jungtieren von zwei bis elf Jahren zu, und sie spielen eine wichtige Rolle bei der Aufzucht der Kälber. Die „Pflegemütter“ stehen über den Kälbern, wenn sie schlafen, holen sie zurück, wenn sie weglaufen, passen auf, daß sie nicht in einem Busch oder im Sumpf steckenbleiben, und stürzen beim geringsten Laut zu ihnen. So bleibt der Mutter viel Zeit zum Fressen und Ausruhen, also genau das, was eine säugende Mutter braucht. Gleichzeitig üben die jungen Weibchen ihre künftige Mutterrolle ein, und auch die Kälber profitieren davon. Unsere Amboseli-Studie hat gezeigt, daß bei Familien mit vielen Pflegemüttern die Überlebenschancen der Kälber sehr hoch sind. Bei seiner Geburt hatte Ely sechs potentielle Pflegemütter – Enid, Edwina, Eliot, Eleanor, Emma und Elspeth –, er war also ein ausgesprochenes Glückskind.

Enid und Edwina, beide fast acht Jahre alt, drängten sich am unermüdlichsten in Elys Nähe, ebenso wie die kleine Elspeth, die mit ihren nur siebzehn Monaten bereits einen starken Hang zur Bemutterung zeigte. Interessanterweise machte Elys fünfjährige Schwester keinen Versuch, ihren Bruder unter die Fittiche zu nehmen. Vielleicht wußte sie, daß sie keine Chance gegen ihre ältere Schwester hatte, vielleicht war aber auch Rivalität im Spiel. Enid war bis vor zwei Wochen Echos jüngstes Kalb gewesen, und obwohl sie nicht mehr saugte, war sie vor Elys Geburt vielleicht in einer günstigeren Position gewesen.

Gelegentlich kommt es zu ernsten Geschwisterrivalitäten. Eine Mutter säugt ihr Kalb unter Umständen bis unmittelbar vor der Geburt des nächsten, und manchmal saugt ein älteres Geschwister auch dann noch, wenn das neue Kalb bereits geboren ist. Es kommt durchaus vor, daß ein neugeborenes Kalb an der einen Seite der Mutter trinkt, und ein vier- bis fünfjähriges an der anderen. Im allgemeinen wird das ältere Kalb innerhalb kurzer Zeit entwöhnt, aber wenn es hartnäckig ist, kann das jüngere sterben. Der Tod von Emilys neuem Kalb im Jahr 1984 war sicherlich zum Teil auf die schlimme Dürre zurückzuführen, aber vielleicht auch darauf, daß Emo nicht schnell genug entwöhnt werden konnte. Andererseits hatte ich erst ein paar Tage zuvor ein EA-Weibchen gesehen, das seine zweijährige Tochter und seinen sechsjährigen Sohn säugte.

Dabei fiel mir auf, daß Ella offenbar eine Art Zukunftsplanung betrieb, ob bewußt oder unbewußt, sei dahingestellt. Sie würde im Dezember 1990 ein Kalb bekommen. Deshalb hatte sie schon im Februar manchmal die dreijährige Emma abgewiesen. Jetzt, im März, versuchte sie noch konsequenter, ihre Tochter zu entwöhnen, und die arme Emma litt sehr darunter. Wir beobachteten, wie die Kleine sich von der Seite her an Ellas Brust drängte und den Rüssel ausstreckte, woraufhin Ella sofort ihr Bein zurücksetzte, um ihr den Zugang zu verwehren. Emma fing an zu schreien. Es war der durchdringende, schrille „Saug-Protest"-Schrei, den ein Kalb ausstößt, wenn seine Mutter es nicht trinken läßt. Ella bewegte sich vorwärts, und Emma versuchte es immer und immer wieder, aber trotz ihrem Geschrei gab Ella nicht nach. Jetzt lief Emma um ihre Mutter herum und versuchte sich von vorne zwischen ihren Beinen hindurchzudrängen. Ella schwenkte ihre Stoßzähne herum und versetzte Emma einen Hieb auf die Stirn. Ein markerschütternder Schrei war die Antwort. Aber weder Ella noch die anderen Familienmitglieder kümmerten sich darum, und Emma wich ein paar Schritte zurück und nuckelte an ihrer Rüsselspitze herum. Nach fünf Minuten versuchte sie es wieder, diesmal mit Erfolg. Aber es war klar, daß sie bald entwöhnt sein würde.

Folgende Doppelseite: Der Regen kündigt nicht nur für die Kühe und Kälber gute Zeiten an, sondern auch für die erwachsenen Bullen, die sich nun den Familienverbänden anschließen und um die empfängnisfähigen Weibchen konkurrieren.

Männliche Kälber sind im allgemeinen schwieriger zu entwöhnen, nicht etwa, weil sie gieriger sind als Weibchen, sondern weil sie schneller wachsen und deshalb mehr Nahrung brauchen. Bei der Geburt sind männliche und weibliche Kälber ungefähr gleich groß. Aber bis sie erwachsen sind, ist der Unterschied beträchtlich: Ein erwachsenes Weibchen erreicht ungefähr 2.5 m Schulterhöhe und wiegt 3 Tonnen, während ein Bulle über 3.5 m groß werden und über 6 Tonnen wiegen kann. Je größer und stärker ein Männchen ist, desto besser sind seine Chancen beim Kampf um die Weibchen.

In punkto Körpergröße hatte Ely einen guten Start gehabt. Ein Neugeborenes wiegt im Durchschnitt 120 kg und ist ungefähr 85 cm groß (Schulterhöhe). Ely wog bei der Geburt fast 130 kg, bei einer Schulterhöhe von 90 cm. Er würde in nächster Zeit sehr viel wachsen müssen, aber zum Glück brauchte er Echos Milch nicht mit einem anderen Kalb zu teilen. Das würde auch noch mindestens drei Jahre so bleiben. Bei kleinen Kälbern sind Elefantenmütter sehr nachsichtig, und Echo ließ Ely saugen, wann er wollte, was ungefähr zweimal pro Stunde der Fall war.

Das ging immer so: Wenn die Erwachsenen ihren Durst gelöscht hatten, kam Ely an Echos Seite und berührte sie, um ihr zu bedeuten, daß er trinken wolle. Echo blieb stehen und streckte ein Bein vor, damit er ihre Zitzen finden konnte. Er streckte gierig seinen Mund vor und fing geräuschvoll zu saugen und zu schlürfen an. Echo senkte den Kopf, rollte ihren Rüssel auf den Stoßzähnen auf und ruhte – das Inbild ungetrübter Mutterfreuden. Ely trank über eine Minute lang, dann tauchte er unter Echo durch und nuckelte an der anderen Brust, während sein ganzer Babysitter-Schwarm um Echo herumstürzte, um nur ja in seiner Nähe zu bleiben. Enid streckte ihren Rüssel an seinen Mund, und er antwortete mit einem tiefen Baby-Ruf.

Als Ely diesmal fertiggetrunken hatte, lief er von Echo weg und fand einen kleinen Stock, den er in seinem Rüssel zu halten versuchte. Kälber versuchen häufig, Gegenstände mit ihrem Rüssel zu packen und herumzumanövrieren, sogar ein so kleines Kalb wie Ely, dessen Rüssel einem wabbligen, ausgeleierten Gummischlauch glich. Es war sein liebstes Spielzeug – er schwenkte ihn auf und ab oder schlenkerte ihn herum oder steckte ihn in den Mund und saugte daran. Jetzt zogen und schoben die beiden „Finger" an seiner Rüsselspitze den Stock hin und her, bis er es endlich geschafft hatte, ihn aufzuheben. Er schwenkte ihn wie einen Marschallstab in der Luft, und nachdem er diese Heldentat vollbracht hatte, ließ er den Stock wieder fallen und kehrte zu seinen Pflegemüttern zurück. Sie gingen zu einer schlammigen Stelle in der Nähe des Wasserlochs, wo Ely plötzlich ausrutschte und einsank. Obwohl er keinen hörbaren Laut von sich gab, kam Echo sofort herüber, packte ihn mit ihrem Rüssel um die Mitte, zog ihn aus dem Schlamm heraus und schleppte ihn zu der Stelle zurück, wo sie gegrast hatte. Offenbar war sie noch nicht bereit, ihn ganz der Obhut seiner Babysitter zu überlassen.

In den nächsten zwei Wochen konnten wir den EBs regelmäßig folgen und Elys Entwicklung beobachten. Bewegungskoordination war eines der Dinge, die er lernte. Er mußte der Familie über ziemlich rauhes Gelände folgen, das heißt, er mußte sich auf den mit Felsbrocken übersäten Wanderrouten in Richtung Süden durchschlagen, in den Wäldern über Baumstümpfe und umgestürzte Stämme klettern und in den tieferen Teilen des Sumpfs manchmal auch schwimmen. Er bewältigte diese Strapazen so gut wie jedes andere Kalb in seinem Alter; von seiner anfänglichen Mißbildung waren keinerlei Spuren zurückgeblieben. Im Gegenteil, Ely war sogar ungewöhnlich aktiv. In den ersten paar Wochen schlafen die meisten Kälber, soviel sie können. Aber wenn die EBs anhielten, um zu fressen oder sich im Schatten eines Baumes auszuruhen, blieb Ely häufig stehen und „trainierte" seinen Rüssel. Vielleicht hatte er nach den schlimmen Erfahrungen in den ersten drei Tagen seines Lebens einfach Angst davor, sich hinzulegen.

Es war ein Glück, daß Ely sechs Pflegemütter hatte, denn er war ein verspieltes und ungestümes Kalb. Alle Kälber klettern sich gern gegenseitig auf den Rücken, und für Ely war jedes Kalb, das sich hinlegte, eine unwiderstehliche Aufforderung zum Spielen. Er stürzte schnurstracks hin und versuchte, auf seinen Kopf oder Rücken zu kraxeln. Meistens schaffte er es auch, seine Vorderbeine auf das andere Kalb draufzubekommen, und dann saß er einfach da und sah urkomisch und selbstzufrieden aus.

Elys Babysitter unterstützten und ermunterten ihn bei diesem Spiel. Als wir den EBs eines Morgens folgten, hielten sie in der Nähe einer kahlen Bodenerhebung an, und die erwachsenen Weibchen ruhten sich aus. Sie senkten ihre Köpfe und ließen ihre Rüssel auf dem Boden schleifen oder drapierten sie über einen Stoßzahn. Die beiden älteren männlichen Kälber, Eric und Emo, wanderten zu einem Fleck mit Consimilis-Gras und legten sich hin, wobei jeder ein dickes Grasbüschel als Kissen benützte. Drei von Elys Babysittern stiegen auf den Buckel hinauf und legten sich nebeneinander hin, zuerst Enid, dann Edwina und Eleanor. Aber anstatt sich zum Schlafen bereitzumachen, hoben sie ihre Köpfe hoch, um sie gleich wieder zurückfallen zu lassen, während sie ihre Rüssel

Bei Elefanten gibt es nur wenige angeborene Instinkthandlungen. Die meisten Fähigkeiten, die sie als Erwachsene brauchen, müssen kleine Kälber erst lernen. Ely, der jetzt ein paar Wochen alt ist, übt seine motorische Koordinationsfähigkeit, indem er einen Stock mit dem Rüssel herummanipuliert und über einen großen Baumstamm klettert.

am Boden entlangschlängelten und die Beine wie eine Schere auf- und zuklappten. Die jüngeren Kälber sahen es und rannten sofort hinüber. Edgar kletterte auf Eleanor, Ely und Elspeth auf Edwina. Dann fingen die beiden unter ihnen zu zappeln an und sich aufzubäumen, bis die Kleinen mit dem unnachahmlichen Knarzen von Elefantenhaut gegen Elefantenhaut herunterrutschten. Unter viel Gezappel und Gestrampel kletterten sie wieder hinauf, landeten aber sofort wieder auf dem Boden. Bald kamen die anderen jungen Weibchen herüber und mischten sich mit ein, bis schließlich acht Kälber in einem großen Haufen auf dem Boden herumkugelten. Nur wenige Meter weit weg dösten die Erwachsenen, einschließlich Ewan, friedlich vor sich hin.

Ein paar Tage später mischten sich die EBs unter eine mittelgroße Elefantenherde mit mehreren Bullen und ungefähr 10 Familien aus verschiedenen Clans und beiden

Das Alter eines Kalbs kann man unter anderem an der rosa Färbung hinter den Ohren ablesen. Die hellrosa Ohren dieses EB-Kalbs verraten, daß es weniger als 10 Tage alt ist. Mit zwei Wochen ist das Rosa verschwunden.

Subpopulationen. Die Herde graste und bewegte sich langsam in Richtung Süden zur Serena Road. Bald darauf stieß auch die EA-Familie zu ihnen, und die EBs begrüßten sie mit sanftem Rumpeln, einige steckten sich gegenseitig den Rüssel ins Maul. Unmittelbar danach stellte ich fest, daß Echo in der Rangordnung der Elefantenfamilien gar nicht so weit unten stand, wie ich gedacht hatte. In der Herde hielt sich auch eine Familie aus dem westlichen Teil des Parks auf, die WBs, und eines ihrer weiblichen Mitglieder hatte ein neues Kalb. Zu meiner großen Überraschung näherte sich Echo den WBs in einer sehr aggressiven Haltung, das heißt, sie hatte die Ohren so weit abgespreizt, daß sie eine waagrechte Linie über dem Kopf bildeten. Obwohl ihr die WBs sofort aus dem Weg gingen, stürzte sich Echo schnurstracks auf das Baby, beugte sich hinunter, schaufelte es mit ihren Stoßzähnen hoch und schleuderte es ungefähr einen Meter weit weg. Es landete offenbar unverletzt auf dem Boden, und die WBs bildeten sofort einen Schutzwall um das Kleine. Sie wirkten sehr erschrocken und verstört. Echo drehte sich um und kehrte zu ihrer Familie zurück. Im Lauf des Morgens griffen auch andere Familien aus dem östlichen Teil des Parks die WBs an, wobei sie sich alle auf das Baby konzentrierten, das offensichtlich die verwundbarste Stelle der WBs war. Ich interpretierte dieses Verhalten als einen Versuch der östlichen Elefanten, ihre Weidegründe gegen Eindringlinge aus dem Westen zu verteidigen. Viel Erfolg hatten sie nicht damit, denn die WBs ließen sich nicht vertreiben. Mit einem neugeborenen Kalb wären sie allerdings auch nicht weit gekommen.

Ein paar Tage später hatte sich das Blatt gewendet. Jetzt waren die EBs dran! Sie hielten sich in derselben Gegend mit einer größeren Herde auf, und diese Herde setzte sich aus anderen Familiengruppierungen zusammen, darunter auch die FBs, eine westliche Familie, die aber zu einem zentralen Clan gehörte. Die EBs ruhten friedlich in ihrer Gruppe, als die FBs, angeführt von der notorisch aggressiven Leitkuh Freda, drohend auf sie zustürzten und sie aus dem Weg scheuchten. Nicht genug damit! Freda und ein anderes weibliches Tier drängten sich zu Ely vor und kidnappten ihn! Er schrie und rief verzweifelt, als sie ihn wegzerrten und mit sich forttrieben. Enid folgte ihm und blieb dicht an seiner Seite, aber Echo schien völlig verwirrt zu sein. Sie kreiste um die Gruppe herum und versuchte Ely zu retten, indem sie sich aus einer anderen Richtung näherte. Aber die FBs ließen sich nicht beirren, sie trieben Ely noch weiter mit sich fort, und schließlich wurde er getreten und niedergeworfen. Martyn und ich durften nicht eingreifen, wir mußten uns wie immer auf eine reine Beobachterrolle beschränken. Aber wir fuhren ein bißchen näher heran, um zu sehen, ob Ely verletzt war, und griffen damit unabsichtlich in das Geschehen ein. Echo konnte Ely und Enid erreichen und vor der gefürchteten Freda in Sicherheit bringen.

Solche Zwischenfälle sind selten, und es dürfte dabei wohl ebensoviel Faszination wie Aggression im Spiel sein. Ich habe schon mehrfach mitangesehen, wie ein neugeborenes Kalb von den weiblichen Jungtieren einer anderen Familie gekidnappt wurde, aber in diesen Fällen kann man sicherlich den starken Bemutterungstrieb der jungen Kühe als Motiv ansehen. Wenn dagegen erwachsene Kühe gegen Kälber aus einem anderen Clan aggressiv werden, handelt es sich möglicherweise um einen Versuch, die Rangordnung zwischen den Familien festzulegen. Ich habe nie erlebt, daß ein Kalb bei solchen Machtkämpfen ernsthaft verletzt oder getötet wurde, und Ely machte da zum Glück keine Ausnahme.

Am nächsten Tag, dem 23. März, fanden wir die EBs wieder allein in einer offenen Grassavanne im Süden vor. Wie gewöhnlich saßen wir in meinem blauen Landrover und versuchten „Mäuschen“ zu spielen, aber in diesem Fall sollte uns das nicht gelingen. Mit drei Wochen war Ely jetzt schon recht unternehmungslustig. Er machte kleine Erkundungsgänge und wagte sich dabei mehrere Meter weit von Echo weg, allerdings immer gefolgt von mehreren Babysittern. Ich hatte den Landrover ungefähr 20 m von der Familie entfernt geparkt, aber sie grasten und bewegten sich auf uns zu. Mein Fahrzeug war für Ely von Geburt an ein vertrauter Teil seiner Umgebung, und als die Elefanten näher kamen, beschloß er, sich das seltsame Ding genauer anzuschauen. Er marschierte frontal darauf zu, streckte den Rüssel aus, schlang ihn um den vorderen Stoßdämpfer, den „Kuhfänger“, und fing an zu ziehen. Obwohl er so klein aussah, brachte er das Fahrzeug ins Schaukeln. Enid, sein Haupt-Babysitter, stand ein Stück weiter weg und sah ein bißchen nervös aus. Es war klar, daß sie dieses Spiel nicht „billigte“, aber sie zog ihn auch nicht weg. Nach einer Weile wurde es Ely langweilig, und er ging zu ihr hinüber. In den nächsten vier Tagen kam Ely hin und wieder zu unserem Fahrzeug, um es zu befühlen oder daran herumzurütteln. Er schien es für ein interessantes Spielzeug zu halten.

Martyn und ich waren in den letzten zweieinhalb Monaten völlig im Leben der EBs aufgegangen, und der Abschied fiel uns nicht leicht, als wir Ende März unsere Beobach-

Oben: Ely hat noch einen langen Wachstums- und Reifeprozeß vor sich, bis er eines Tages ein großer, ausgewachsener Bulle ist. Hier tobt er übermütig im Sumpf herum.

Links: Ein Bulle überquert im Morgengrauen eine der überschwemmten Pfannen im Amboseli-Park. In seiner aktiven Phase ist ein Bulle viel unterwegs und muß oft große Strecken zurücklegen, um empfängnisfähige Weibchen aufzuspüren.

tungen für eine Weile unterbrechen mußten. Martyn mußte nach England zurück, und ich selbst hatte verschiedene Verpflichtungen, die mich von Amboseli wegführten. Wir wollten im Juni wieder mit den Aufnahmen beginnen. Meine Assistentinnen Norah und Soila würden die Familie so lange im Auge behalten und weiterhin Daten über alle Elefanten sammeln.

April und Mai

Im April und Mai, den beiden niederschlagreichsten Monaten, setzte der Regen mit verstärkter Kraft wieder ein. Es wurde schwierig, im Amboseli-Park herumzufahren. Das alte Seebecken ist der niedrigste Teil dieser Gegend, und an manchen Stellen ist der Boden so hart, daß das Wasser einfach an der Oberfläche stehenbleibt. Zeitweilig sah es fast so aus, als ob sich das Becken wieder in einen See verwandeln würde. Trotzdem kämpften sich Norah und Soilah durch die überfluteten Straßen und das verschlammte Gelände, um uns auf dem laufenden zu halten.

Wie bei den ortstreuen EBs nicht anders zu erwarten, verließen sie in der Zeit der stärksten Regenfälle kaum ihr Heimatgebiet und waren auch nicht oft bei den großen Herden zu finden. Ely war sehr aktiv, spielte übermütig und sonderte sich weiterhin für seine kleinen Streifzüge von Echo ab. Elys „Haupt"-Pflegemutter war immer noch Enid, die sich selten weiter als einen Meter von ihm entfernte. Ende April führten mich ein paar dringende Verwaltungsangelegenheiten nach Amboseli zurück, und ich beschloß, die EBs zu besuchen. Am 28. April, als Ely gerade zwei Monate alt war, fuhr ich in den schlammigen, von stehenden Wasserflächen durchzogenen Park hinaus. Ich klapperte die üblichen Stammplätze der EBs in der Gegend der Serena-Ebene und im Ol Tukai Orok-Gebiet ab. Ich hatte Glück und fand sie am Rand der Wälder, als sie gerade in ein Gebiet hineinwanderten, das sich in einen Morast verwandelt hatte. Ich parkte am Wasserrand, um eine „Familienzählung" durchzuführen. Während ich ein Mitglied nach dem anderen abhakte, geschah etwas Außergewöhnliches: Echo machte eine Wendung von 90 Grad und kam direkt auf den Landrover zu. Sie blieb so dicht neben meiner Fahrertür stehen, daß ich sie mühelos hätte anfassen können. Und da stand sie und schaute mich ruhig an. Ich redete leise mit ihr, denn die Elefanten sind mit unseren

Stimmen vertraut, und es beruhigt sie, wenn sie die Leute im Fahrzeug kennen. Schon als ich gekommen war, hatte ich bemerkt, daß Echo und ein paar andere Elefanten Flüssigkeit aus ihren Schläfendrüsen absonderten, und bis Echo das Auto erreicht hatte, war ihr Gesicht an den Seiten mit einer tränenähnlichen Flüssigkeit geradezu überströmt. Schläfendrüsensekretion ist ein Zeichen für soziale Erregung und tritt zum Beispiel bei den Begrüßungszeremonien auf. Ich konnte nur vermuten, daß wir in den zweieinhalb Monaten, die wir mit den EBs verbracht hatten, für Echo genausosehr ein Teil ihres Alltags geworden waren wie sie für uns. Sie gab keine Lautäußerung oder sonstige Signale von sich, sie wirkte nur neugierig und „freundlich". Schließlich ging sie auf die andere Seite des Fahrzeugs hinüber und schaute in das Beifahrerfenster hinein.

Ely hatte sich mit Enid und Elspeth entfernt, als Echo herübergekommen war. Alle Elefanten hatten zugenommen, aber Ely war in dem einen Monat unglaublich gewachsen. Ich schaute zu, wie er Elspeth stieß und schubste, um sie zum Spielen zu bewegen. Ein paar Minuten, nachdem Echo sich abgewandt hatte und in ihrer ursprünglichen Richtung davonwanderte, entdeckte Ely plötzlich den Landrover. Er ließ von seiner Spielgefährtin ab und kam schnurstracks herüber. Er war jetzt ein bißchen vorsichtiger als vor einem Monat und hielt ungefähr einen Meter Abstand vom Auto, als er seinen Rüssel ausstreckte. Nach ein paar Minuten raffte er seinen ganzen Mut zusammen, kam näher und berührte die Wagentür mit seiner Rüsselspitze. Schließlich trottete er gelangweilt davon, und zu meiner Überraschung riß er hier und da ein paar Grashalme aus und kaute darauf herum. Die meisten Kälber versuchen erst mit drei bis vier Monaten, pflanzliche Nahrung aufzunehmen.

Nach dieser Begegnung freute ich mich noch mehr auf die nächste Trockenzeit, in der Martyn und ich wieder bei den EBs sein und uns ganz in ihren Lebensrhythmus einfügen würden.

DIE TROCKENZEIT

Juni bis Anfang November 1990

Die frühe Trockenzeit: Juni bis Ende September

Im Juni hatte der Regen aufgehört, aber der Amboseli-Park war immer noch grün, und das Pflanzenwachstum ging weiter, weil im Boden genügend Feuchtigkeit gespeichert war. Es war der Beginn der kühlen Monate in Ostafrika: Im Juli und August ist der Himmel bedeckt, und die Temperaturen klettern tagsüber nur selten auf 27° C, während sie in der Nacht häufig unter 10° C fallen. Im Juni ist das Wetter unberechenbarer: Es gibt heiße und sonnige Tage, andere sind kalt und trüb. Auch das Verhalten der Elefanten läßt sich schwer vorhersagen, da sie ihren Trockenzeit-Rhythmus noch nicht gefunden haben.

Als Martyn und ich am späten Nachmittag des 12. Juni nach Amboseli zurückkehrten, wurden wir mit der Nachricht empfangen, daß in einem Gebiet namens Njiri ein toter Elefant gesehen worden sei. Am nächsten Morgen fuhren wir mit Norah und Soila hin, und Dutzende von Geiern führten uns direkt zu dem toten Tier. Es war der Kadaver eines erwachsenen Bullen, der schon seit mehreren Tagen tot war. Das einst prächtige Tier bestand nur noch aus verwesendem Fleisch mit herausragenden Knochen und verbreitete einen üblen Gestank. Die Parkaufseher hatten schon die Stoßzähne entfernt, von denen jeder 13 kg wog, ein Zeichen, daß es ein ziemlich großer Bulle gewesen war. Ich ver-

Rechte Seite: Elefanten bevorzugen frisches Gras, aber wenn ihre Weidegebiete in der Trockenzeit bis auf die Stoppeln abgefressen sind, wenden sie sich anderen Pflanzen zu. Echo frißt einen großen Palmwedel, während Ely interessiert zuschaut.

scheuchte die Geier und fotografierte mit angehaltenem Atem das Ohr des Tieres, damit wir es identifizieren konnten. Dann maß ich seinen Fuß, um seine ungefähre Größe und damit sein Alter zu bestimmen. Anhand der Größe eines Elefantenfußes läßt sich die Schulterhöhe errechnen. Und da ein Elefant während seines ganzen Lebens weiterwächst, ist die Schulterhöhe ein guter Indikator für sein Alter. Wir versuchten auch herauszufinden, woran er gestorben war. Obwohl keine augenfälligen Wunden auf der für uns sichtbaren Seite zu finden waren, glaubte ich nicht, daß er eines natürlichen Todes gestorben war.

Jedes Jahr verschwindet eine kleine Anzahl von männlichen Elefanten. Es gibt keinerlei Anzeichen dafür, daß sie in andere Gebiete auswandern. Wenn sie länger als ein Jahr nicht gesehen werden, müssen wir schließlich annehmen, daß sie tot sind. Über den Verlust eines Weibchens oder eines Kalbs bekommen wir leichter Gewißheit, weil sie Teil einer festgefügten Gruppe sind. Fehlt zum Beispiel eine erwachsene Elefantin mehrere Male, obwohl ihre Kälber noch da sind, dann wissen wir, daß sie tot ist. Und wenn eine Mutter mehrmals ohne ihr Kalb gesehen wird, können wir ebenfalls sicher sein, daß es nicht mehr lebt.

Wir wissen, daß die Massai im Zusammenhang mit ihren Kriegerritualen von Zeit zu Zeit Elefanten speeren. Wir wissen auch, daß Elefanten immer wieder gewildert werden. Zum Glück sind die Verluste seit den späten 70er Jahren relativ gering. Jedoch ziehen Bullen, Kühe und Kälber ungehindert in andere Teile Kenias und über die Grenze nach Tansania, und manchmal kehren einzelne Tiere nicht zurück, oder sie schleppen sich schwer verwundet in den Park, um hier zu sterben. Ich nahm an, daß letzteres auch das Schicksal des Bullen gewesen war, und hoffte, daß sein Tod nicht auf einen Aufwärtstrend beim Wildern oder Speeren hinwies. Ich war dadurch etwas in Sorge um die anderen Elefanten, einschließlich der EBs, die von Norah und Soila seit dem 30. April nicht mehr gesehen worden waren.

Den restlichen Tag verbrachten wir damit, uns beim Parkhüter zu melden und Ausrüstung zu organisieren, und so konnten wir uns erst am folgenden Tag auf die Suche machen. Schon nach einer Stunde Fahrt durch Echos Lieblingsgebiete hatten wir Gewißheit über die EBs. Alle 15 Mitglieder, einschließlich Emo, fraßen zufrieden in den Palmen der Ol Tukai Orok-Wälder. Wir erhaschten einen kurzen Blick auf Ely, bevor er im Palmendickicht verschwand.

Am nächsten Tag brachen wir schon im Morgengrauen auf, in der Hoffnung, einen ganzen Tag mit Echo und ihrer Familie verbringen zu können. Wir suchten entlang der Serena Road und im gesamten Ol Tukai Orok-Waldland, aber in beiden Gebieten waren sie nicht auszumachen. Ein paar Elefanten waren drüben im Longinye-Sumpf, doch waren es nicht die EBs. Wir fuhren dann um den östlichen Teil des Sumpfs herum, gelangten wieder zur Nordwestseite, und fuhren schließlich zu dem anderen großen Sumpf im Amboseli-Park, dem Enkongo Narok, hinüber. Dort fanden wir einige der westlichen Familien.

Um 11.05 Uhr kamen wir zur Serena Road zurück und sahen die EBs von Süden herankommen. Sie bewegten sich schnell und wirkten nervös, ihre rote Farbe zeigte, daß sie weit draußen beim Kilimandscharo gewesen waren, möglicherweise in Gebieten, in denen ihnen Gefahr drohte. Die Familie verschwand im Palmendickicht, wo wir ihnen nur schwer folgen konnten, und so kehrten wir um. Wir waren sehr müde nach unserer viereinhalbstündigen Suche – immerhin waren wir 60 km im Kreis gefahren. Außerdem hatte ich schreckliche Kopfschmerzen, vermutlich die Vorboten eines Malariaanfalls. Als wir wieder im Camp waren, nahm ich entsprechende Medikamente ein und legte mich schlafen. Martyn ging am Nachmittag wieder los und blieb bei den EBs, bis es dunkel wurde und die Familie allmählich nach Süden in Richtung Berg davonzog.

Am nächsten Tag hatte Martyn schlimme Magenbeschwerden. Tote Elefanten und kranke Menschen waren kein gutes Omen für die zweite Phase unseres Projekts. Aber am nächsten Tag ging es uns zum Glück wieder besser, und bei Sonnenaufgang brachen wir auf, um erneut Echo und ihre Familie zu suchen. Wieder klapperten wir alle Gebiete ab, in denen sich die EBs normalerweise aufhielten, ebenso einige andere Gebiete, aber ohne Erfolg. Am Abend fanden wir sie dann endlich in der Nähe des „Elefanten-Swimmingpools", einem Gebiet, das wir schon vormittags abgesucht hatten. Wahrscheinlich waren sie erst spät wieder in den Park gekommen.

In den meisten Monaten beginnt die tägliche Routine der EBs ungefähr gegen 4.00 Uhr früh, wenn sie aus ihrer Nachtruhe erwachen. Sie ziehen langsam in den Park hinein in Richtung Sümpfe und Wälder, fressen unterwegs oder machen kurz nach Sonnenaufgang eine kleine Spielpause. Ihr Tagesziel wird wahrscheinlich von Echo bestimmt, noch bevor sie in den Park kommen. Wenn sie ihr Ziel erreicht haben, trinken sie an einem Wasserloch und nehmen je nach Lufttemperatur eine Schlammdusche oder ein

Wiederholtes Einstauben gehört zur Tagesroutine der Elefanten. Die feinen Staubpartikelchen reflektieren das Sonnenlicht und schützen so die fast haarlose Haut vor schädlichen Strahlen; gleichzeitig liefern sie ein wirkungsvolles Scheuermittel gegen lästige Zecken.

Schlammbad. Danach suchen sie eine Stelle mit lockerer, trockener Erde, wo sie sich gründlich einstauben, und schließlich kratzen sie sich ausgiebig an einem Baum oder Erdwall. Fressen und Ruhen und mindestens ein Nickerchen um die Mittagszeit füllen den Rest des Tages aus. Gegen 17.30 Uhr machen sie sich langsam zu ihrem nächtlichen Ziel auf, das vermutlich auch von Echo bestimmt wird. Sie verlassen den Wald oder die Sümpfe und haben vielleicht noch eine Spiel- und Geselligkeitsphase, bevor sie ihr nächtliches Waldgebiet erreichen. Dort fressen sie ungefähr bis Mitternacht, woraufhin sich alle niederlegen und drei bis vier Stunden schlafen.

Aber die EBs hielten sich offensichtlich nicht mehr an diese Routine. Wir wollten herausfinden, was da vor sich ging, und änderten deshalb am 18. Juni unsere Strategie.

Anstatt auf der Suche nach ihnen durch den ganzen Park zu hetzen, wollten wir an der Mongoose-Junction warten, die auf einer Anhöhe liegt und einen guten Ausblick in alle Richtungen bietet. Wir kamen frühmorgens dort an und richteten uns auf eine lange Wartezeit bis zum Mittag ein. Um 7.00 Uhr kam eine kleine Gruppe, die TAs, vorbei. Bis um 9.00 Uhr hatten wir gefrühstückt und wurden allmählich unruhig. Zum x-ten Mal suchten wir das ganze Panorama mit dem Fernglas ab, aber diesmal entdeckten wir draußen in Richtung Berg, mehr als einen Kilometer jenseits der Parkgrenze, eine Elefantenfamilie, die irgendwie EB-ähnlich aussah. Wir beschlossen, näher heranzufahren, was keine leichte Aufgabe war. Denn wir befanden uns am nördlichen Rand der Lavafelder, die sich bis zum Kilimandscharo erstrecken und für ein Fahrzeug genauso mörderisch sind wie für seine Insassen. Ab einem bestimmten Punkt sind die Felsbrocken so riesig und dicht gestreut, daß die Felder unpassierbar werden.

Wir holperten querfeldein, schlängelten uns mühsam zwischen den Felsbrocken

In der Mitte der Trockenzeit trafen wir die EBs fast nur noch schlafend an. Hier sperrt Eliot mit ihrem großen Ohr die Welt aus. (Man beachte die Zecken zwischen ihren Vorderbeinen, eine große Spezies, die sich nur von Elefantenblut ernährt).

durch und schafften es, bis auf 50 m an die Elefanten heranzukommen. Es waren tatsächlich die EBs, vollzählig und gesund. Sie reagierten zunächst etwas mißtrauisch auf uns, aber ich redete mit ihnen, und als sie meine Stimme hörten, wurden sie sichtlich ruhiger. Gegen 10.00 Uhr zog eine Herde Schafe und Ziegen mit zwei Massai-Hirten vorüber. Die EBs hoben ihren Rüssel, witterten in die Luft und setzten sich langsam in Marsch. Sie steuerten jedoch auf den Berg zu, nicht in den sicheren Park. Bei einem kleinen, dornigen *Balanites*-Baum hielten sie an und ruhten. Dort blieben sie, bis wir mittags weggingen. Als wir später am Nachmittag zurückkamen, zogen sie stetig nach Südosten, weg vom Park.

Jedenfalls wußte ich jetzt, daß die EBs gerade „französische Ferien" machten. Das war an sich nichts Neues – im Juli und besonders im August erlebten wir einen regelrechten Exodus im Amboseli-Park, genau wie in Frankreich, wo um diese Zeit die meisten Geschäfte und Fabriken geschlossen sind und alle auf einmal in Ferien fahren. Aber so früh hatten die EBs ihren „Urlaub" noch nie genommen.

Dieser Exodus ist eine bemerkenswerte „Entgleisung" im sonst so gleichförmigen Bewegungsmuster der Amboseli-Elefanten. In der feuchten Jahreszeit ziehen sie dorthin, wo sie die besten Weidegründe finden, ganz gleich, ob innerhalb oder außerhalb des Parks. Der Regen bringt ein üppiges Nahrungsangebot hervor, und sie suchen sich die schmackhaftesten und gehaltvollsten Gräser aus. In der Trockenzeit, wenn das Gras abgefressen ist, ziehen sie sich in die Wälder und Sümpfe in und um den Park zurück. Gegen Ende der Trockenzeit sind sie fast völlig auf die Sumpfvegetation angewiesen. Doch zu einem bestimmten Zeitpunkt im Lauf der langen Trockenperiode, meistens im Juli und August, werden die Tiere wieder aus dem Park gelockt und ziehen in das *Acacia nubica*-Buschland am Fuß des Kilimandscharo. Vermutlich sind diese kleinen Bäume dann besonders schmackhaft, und vielleicht enthalten die Rinden und Blätter Nährstoffe, die die Elefanten brauchen. Auf jeden Fall sind die meisten Familien und Bullen den größten Teil ihrer Zeit damit beschäftigt, in den Acacia nubica-Bäumen zu fressen, und zwar sowohl am Tag wie in der Nacht. Da es dort draußen kein Wasser gibt, müssen sie zumindest jeden zweiten Tag zum Trinken in den Park zurückkehren.

Auch der Tagesablauf ändert sich je nach Jahreszeit. Im allgemeinen sind die Elefanten 16 Stunden pro Tag mit der Nahrungsaufnahme beschäftigt, die Zeit dazwischen verbringen sie mit Trinken, Schlammbädern, Einstauben, Kratzen, Geselligkeit, Spiel und Ruhe. In der feuchten Jahreszeit ist die Vegetation so reichlich und nahrhaft, daß sie weniger Zeit für die Nahrungsaufnahme brauchen und mehr Zeit für soziale Kontakte haben. In der Trockenzeit müssen sie viel härter arbeiten, um satt zu werden.

Im Lauf der nächsten zwei Wochen lernten wir Echos „Ferienalltag" kennen. Sie führte ihre Familie am späten Abend zum Berg hinaus und verbrachte die Nacht, den nächsten Tag und einen Teil des darauffolgenden Tages dort draußen. Dann kamen sie in den frühen Morgenstunden zu den Sümpfen im Park zurück, um dort zu trinken und zu ruhen. Martyn und ich beobachteten sie jeweils an den Tagen, die sie im Park verbrachten.

Ein typischer Tag während dieser Phase war der 3. Juli. Wir verließen das Camp im Morgengrauen und sahen, wie die TAs die Serena Road in Richtung Ol Tukai Orok überquerten. Wir entdeckten auch einen einzelnen Elefanten, den wir für einen Bullen hielten, im Consimilis-Gras nördlich der Straße. Wir fuhren weiter zur Mongoose-Junction und suchten alle Richtungen mit dem Fernglas ab, sahen aber keine weiteren Elefanten. Als wir zurückfuhren, um uns das Tier im *Consimilis*-Gras genauer anzuschauen, erkannten wir Echo, die als einzige von den EBs auf den Beinen war. Der Rest der Familie lag in tiefem Schlaf, sogar Ella, Erin und Eudora. Bald legte sich auch Echo nieder, und ungefähr 10 Minuten waren keine Elefanten sichtbar, nur ein paar graue Buckel im hohen Gras. Sie blieben dort von 7.00 Uhr bis 10.30 Uhr, bewegten sich ungefähr 100 Meter weiter und machten wieder eine Ruhepause. Ella legte sich mit ihren Kälbern direkt neben unser Auto hin, und aus ihrem Rüssel kamen seltsame, blubbernde Schnarchgeräusche. Gegen Mittag trottete die Familie verschlafen zum Sumpf, dessen Rand sie um 12.20 Uhr erreichte, mehr als fünf Stunden, nachdem wir sie gefunden hatten. Sie wateten in den Sumpf hinein und steckten bald bis zu den Ohren in den Pflanzen. Wir kehrten ins Camp zurück und fuhren am frühen Abend noch einmal zum Sumpfrand, wo die EBs noch immer mit Fressen beschäftigt waren. Wir blieben bei ihnen, bis sie sich bei Sonnenuntergang auf den Weg machten.

Ihr Verhalten deutete darauf hin, daß sie nicht viel schliefen, wenn sie nicht im Park waren. Wahrscheinlich waren sie zu sehr mit Nahrungsaufnahme beschäftigt, wobei noch erschwerend hinzukam, daß sie ständig vor den Massai und anderen Menschen, die eine Gefahr für sie bedeuteten, auf der Hut sein mußten. Wir waren immer erleichtert, wenn wir sie wohlbehalten zurückkommen sahen. Aber diese Erleichterung machte bald

der Langeweile Platz. Vorbei die Zeiten, als wir Ely dabei beobachten konnten, wie er neue Fertigkeiten übte oder anwandte! Statt dessen sahen wir ihn und die anderen Kälber lustlos zum Consimilis-Gras ziehen – von Verspieltheit konnte keine Rede mehr sein. In weniger als einer Minute sackte das erste Kalb in sitzender Position zusammen und plumpste dann zur Seite. Bald folgten auch die anderen seinem Beispiel und blieben stundenlang hingestreckt liegen.

Wenn die EBs draußen beim Berg waren, konnten wir uns daher guten Gewissens auf das Leben der männlichen Elefanten konzentrieren, wobei uns besonders ihr sexueller Zyklus interessierte. Mit Ende Zwanzig kommt ein Bulle zum erstenmal in die Musth, hat aber noch keinen regelmäßigen Zyklus, bis er auf die 40 zugeht. Dieser sexuelle Zyklus ist, zumindest im Amboseli-Park, ein Jahreszyklus. Im allgemeinen sind die großen Bullen über 40 drei bis vier Monate in der Musth und dann acht oder neun Monate in der Rückzugsphase, in der sie ein friedliches und ziemlich einsames Leben führen.

Meine Kollegin Joyce Pool hat bei ihren Musth-Studien festgestellt, daß sich die Amboseli-Bullen, wenn sie nicht in der Musth sind, in insgesamt drei verschiedene Bullengebiete zurückziehen. Zwei dieser Gebiete, das eine im Westen, das andere im Südosten, liegen am Rand und außerhalb des Parks und werden von den weiblichen Tieren und Kälbern nicht oft oder höchstens nachts aufgesucht. Das dritte Gebiet liegt im Zentrum des Parks, und die Bullen, die dort leben, gehen im allgemeinen zum Fressen in die tiefen Sümpfe, die von den Familien gemieden werden. So bleibt ein Bulle, wenn er nicht in der Musth ist, mehr oder weniger abgesondert von den Kühen und Kälbern.

So ein Bullengebiet hat viel Ähnlichkeit mit einem exklusiven Männerclub. Zumindest finde ich diese Vorstellung manchmal sehr amüsant. In der Rückzugsphase hängen die Bullen mit ihren Kumpeln herum oder ziehen allein durch die Gegend, fressen und

Linke Seite: Der majestätische M22 ist ungefähr 50 Jahre alt und der drittgrößte Bulle der Population. Hier streckt er seinen Rüssel nach einem Palmwedel aus, der selbst für die größte Elefantenkuh unerreichbar wäre.

ruhen viel und bauen Fettreserven für die drei oder vier aktiven Musth-Monate auf, die vor ihnen liegen. Manchmal stellte ich mir vor, wie sie gemütlich im Ledersessel sitzen und im „Wall Street Journal“ blättern...

Wenn ein Bulle in die Musth kommt, vergißt man solche Vorstellungen allerdings schnell. Die Musth gleicht dem Brunftverhalten beim Rotwild insofern, als die männlichen Tiere ebenfalls physiologische Veränderungen zeigen, aggressiv werden und weibliche Tiere verfolgen. Bei den meisten Rotwildarten sind die weiblichen Tiere jedoch nur zu einer bestimmten Jahreszeit empfängnisbereit, und alle Hirsche in dem betreffenden Gebiet kommen während dieser Zeit gleichzeitig in die Brunft. Die Hirsche protzen mit ihrem neugewachsenen Geweih, zeigen Imponiergehabe, röhren, kämpfen mit anderen Männchen, kommen in die Herden und versuchen sich mit den Weibchen zu paaren. Doch der ganze Spuk ist innerhalb weniger Wochen vorbei. Elefantenkühe dagegen kommen zwar häufig während und nach der Regenzeit in den Östrus, aber die Paarungszeit dauert mindestens acht Monate, und die Kühe können zu jeder Jahreszeit empfängnisfähig sein. Deswegen verlaufen die Zyklen der Bullen auch nicht synchron, und es gibt das ganze Jahr über einige Musth-Bullen.

Bei der Amboseli-Elefantenpopulation gibt es 177 erwachsene, unabhängige männliche Tiere. 26 davon sind über 35 Jahre alt, und diese Bullen bestreiten im wesentlichen die Fortpflanzungsaufgaben der Population. Ganz oben an der Spitze rangieren fünf riesige Bullen: M13 (Iain), M126 (Bad Bull), M22 (Dionysos), M45 (Patrick) und M7 (Masaku). Sie kommen zu verschiedenen Zeiten in die Musth, so daß Rivalitäten und ernsthafte Kämpfe weitgehend vermieden werden. Es kann passieren, daß Musth-Bullen ihren Gegner töten.

Der zweitgrößte Bulle der Elefanten-Population, M126, war in der Musth, während die EBs ihre Zeit draußen beim Berg verbrachten. Leider war es zu gefährlich, diesen Bullen zu filmen. Wir hatten ihn „Bad Bull“ getauft, weil er äußerst aggressiv war – der Schrecken aller Elefantenforscher. Er fühlt sich bereits aus einer Entfernung von 200 m herausgefordert und kommt schnurstracks auf unser Fahrzeug zu, um uns zu bedrohen und anzugreifen. Die nötigen Beobachtungen führen wir bei ihm nur an einem Ort mit einem sicheren Fluchtweg durch und machen sonst einen weiten Bogen um ihn.

Natürlich haben wir nicht nur unsere Lieblingsfamilien, sondern auch unsere Lieblingsbullen. Ganz oben auf der Hitliste rangiert der drittgrößte Bulle der Population, der majestätische M22. Er ist ungefähr 50 Jahre alt, wiegt bestimmt gut 5–6 Tonnen und hat eine Schulterhöhe von etwa 3,4 m. Seine Stoßzähne sind am Ansatz sehr breit und biegen sich erst nach außen und unten, dann wieder nach oben. Er ist nicht nur wegen seiner eindrucksvollen Gestalt so beliebt, sondern auch, weil er während der Musth erstaunlich duldsam ist. Anstatt uns zu bedrohen, ignoriert er uns einfach. Jeder Busch interessiert ihn mehr als wir, denn einen Busch kann man ja wenigstens noch fressen. Wir können froh sein, daß er sich immerhin die Mühe macht, um unser Fahrzeug herumzugehen, anstatt einfach drüberzuwalzen.

Die Musth-Periode dauert bei M22 von Januar bis Anfang April, ein sehr günstiger Zeitpunkt, weil zahlreiche Weibchen in den Monaten nach der kurzen Regenzeit in den Östrus kommen. Martyn und ich hatten M22 bereits einige Male bei der Weibchenjagd beobachtet und waren sehr beeindruckt gewesen: M22 besaß eine erstaunliche Gabe, den kritischen Zeitpunkt des Eisprungs im Östruszyklus eines Weibchens abzupassen. Er zog geschäftig kreuz und quer durch den Park, und während er gestern noch mit einer Kuh in Kitirua im Westen des Parks beschäftigt gewesen war, tauchte er heute schon neben einer anderen paarungswilligen Kuh in Olodo Are im Westen auf. Es war eine wahre Meisterleistung an Spürsinn und Timing, die ihm nach meiner Schätzung ein gutes Dutzend Kälber einbrachte.

Jetzt, während seiner Ruhephase, lebte M22 im Bullengebiet im Zentrum des Parks, so daß wir ihn häufig sahen. Er ging mit langsamen, zielstrebigen Schritten umher und fraß an den Palmen und Akazien herum. Da er so groß war, konnte er die saftigsten Bissen erreichen, an die die Kuhe und Kälber nicht herankamen, wie z.B. Datteln und Samenhülsen. Außerdem war er kräftig genug, um ganze Äste von den großen Bäumen abzureißen. Selbst vom winzigsten Zweig schälte er so geschickt die Rinde ab, daß es eine Freude war, ihm zuzuschauen. Zuerst schlitzte er die Rinde ein Stück weit mit den

Folgende Doppelseite: Die große AA-Familie, die mit den EBs und EAs zu den Lieblingsfamilien unseres Forscherteams gehört, durchquert in einer langen Kolonne die Ebene in Richtung Enkongo Narok-Sumpf. Wie jeden Tag ziehen die Elefanten morgens zu den Sümpfen und abends in das angrenzende Buschland hinaus.

Stoßzähnen auf. Dann packte er die lose Rinde mit den beiden „Fingern“ an seiner Rüsselspitze, während er gleichzeitig den Zweig an einem Ende mit dem Fuß festhielt, zog die Rinde in einem Stück ab, steckte sie ins Maul und verspeiste sie. Manchmal ging er zum Enkongo-Sumpf in der Nähe des Elefantenschwimmbads hinüber und verschwand zwischen dichtem Papyrus im über 2,50 m tiefen Wasser. Gelegentlich gesellten sich ein paar jüngere Bullen zu ihm, allerdings mit einer gewissen Vorsicht, obwohl sie sich anscheinend von den sehr großen Bullen angezogen fühlen. Wenn zufällig eine Weibchenherde in der Gegend war, graste M22 vielleicht in ihrer Nähe, zeigte aber kein Interesse an den Kühen.

Anfang Juli gingen unsere Tage mit den Bullen zu Ende. Die EBs kamen jetzt wieder täglich in den Park und schliefen auch nicht mehr die ganze Zeit. Außerdem hatten wir das Glück, daß sie sich tagsüber die meiste Zeit im Ol Tukai Orok-Gebiet in und um mein Camp herum aufhielten. Es gab vier bis fünf Familien unter der Elefantenpopulation, die so vertraut mit den Zelten und Camp-Bewohnern waren, daß sie sich bis an den äußeren Rand heranwagten, um Gras oder Palmwedel zu fressen. Zwei dieser Familien, die TAs, angeführt von ihrer Leitkuh Tuskless (die „Stoßzahnlose“), und die EBs, kamen ganz herein, suchten zwischen Zelten und Dusche nach Freßbarem und wagten sich sogar zwischen die Wäsche, die hinter der Küche von der Leine hing. Dank ihrer Furchtlosigkeit ergatterten sie das letzte gute Gras, ohne mit dem Rest der Population darum kämpfen zu müssen.

Da die Elefanten zu uns ins Camp kamen, hatten wir jetzt die Möglichkeit, sie aus einer anderen Perspektive als vom Landrover aus zu beobachten. Mir fiel gleich auf, daß Ellas Brust stark geschrumpft war; offenbar hatte die Milchproduktion aufgehört, denn in dieser Zeit waren ihre Zitzen viermal so groß gewesen. Ihre Tochter Emma, die jetzt drei Jahre und fünf Monate alt war, machte anscheinend keinen Versuch mehr, bei Ella zu trinken. Also würde Ellas nächstes Kalb, das ungefähr in sechs Monaten fällig war, nicht um die Milch seiner Mutter kämpfen müssen.

Aber vor allem konnten wir Ely ausgiebig beobachten. Er war vier Monate alt und wuchs und entwickelte sich sehr rasch. Ende April, als ich ihn das erste Mal beim Fressen gesehen hatte, konnte er zwar ein bis zwei Grashalme abreißen und ins Maul stecken, zeigte aber noch kein ernsthaftes Interesse an Pflanzennahrung. Am 9. Juli, als die Familie an meinem Zelt war, sah ich, daß Ely jetzt schon viel zielstrebiger Gras ausrupfte, kaute und schluckte. Es gelang ihm auch ganz gut, obwohl sein Rüssel für die größeren Klumpen noch zu schwach und ungeschickt war. Während ich ihn beobachtete, zwirbelte er seinen Rüssel immer wieder um ein Grasbüschel herum, bis er es gut im Griff hatte, dann zog er daran. Das Grasbüschel gab nach, fiel aber auf den Boden, wo er es mit dem Rüssel zusammenscharren mußte. Dann packte er es mit den Fingern an seiner Rüsselspitze und steckte es ins Maul. Der nächste Brocken, den er in Angriff nahm, war größer und schwerer und ließ sich nicht so leicht herausreißen. Ely wickelte seinen Rüssel fester darum herum und zog immer wieder, aber ohne Erfolg. Schließlich „mogelte" er, das heißt, er kniete einfach nieder und biß das Gras mit den Zähnen ab.

An diesem Tag waren nur 13 der 15 EBs anwesend. Das fehlende Paar, Eric und Emo, war von Norah und Soila an einem Tag mit Tuskless und den TAs gesehen worden und am Tag darauf mit der AA-Familie. Die beiden erforschten wohl neues Terrain und testeten ihren sozialen Status. Während Emo schon seit dem Tod seiner Mutter kam und ging, wie es ihm paßte, war Eric zum erstenmal ohne seine Familie gesehen worden.

Ein paar Tage später mußten Martyn und ich leider für ein paar Monate vom Amboseli-Park Abschied nehmen. Martyn kehrte nach England zurück, und ich nach Nairobi. Wieder hielten uns Norah und Soila auf dem laufenden, die in unserer Abwesenheit die gesamte Elefantenpopulation überwachten. Von ihnen erfuhren wir einiges über Erics und Emos Streifzüge.

Am 14. Juli sahen sie Ella und ihre zwei jüngeren Kälber mit Eric und Emo, jedoch ohne Echo und die anderen. Am 23. Juli waren Ella und Echo wieder vereint, aber Eric und Emo fehlten. Ende Juli wurden die EBs noch zweimal gesehen, im August fünfmal und einmal im September. Eric war jedesmal dabei, und Emo ebenso, bis auf zwei Ausnahmen. Emo verbrachte mehr als 50 Prozent seiner Zeit mit den EBs, ein Zeichen, daß er noch nicht bereit war, sich ganz selbständig zu machen. Obwohl seine Position in der Familie als mutterloser pubertierender Halbwüchsiger etwas unsicher war, schien er Echos Führung und die Gesellschaft seiner Verwandten noch zu brauchen.

Die späte Trockenzeit: Ende September bis Anfang November

Am 29. September kehrte ich allein nach Amboseli zurück und fand den Park trocken und ausgedörrt vor. Es hatte seit drei Monaten nicht mehr geregnet, und der berühmte, pulvrige Alkalistaub des Amboseli-Parks hatte sich über die Vegetation an den Straßenrändern gelegt, so daß alles grau und trocken aussah. In der Luft hingen Staubschleier, und vom Kilimandscharo war nur ein schwacher blaugrauer Umriß in weiter Ferne zu sehen. Am Mittag wirbelten Dutzende von Staubteufeln durch die Ebene. Das Gras bestand dort draußen nur noch aus Stoppeln, und auch an den Sumpfrändern war es

Links und unten: Auf dem Höhepunkt der Trockenzeit wird die Nahrung knapp, und die Elefanten sind hauptsächlich auf die Sumpfvegetation angewiesen. Meistens stecken sie bis zu den Ohren im Wasser, so wie hier, und fressen stundenlang. Ein bißchen Erholung zwischendurch kann allerdings auch nichts schaden …

schon ziemlich weit abgefressen. Die Weidetiere konzentrierten sich um die zwei größten Sümpfe des Parks, den Longinye und Enkongo Narok, außerdem um die Wasserlöcher in Kitirua und Enkongo Narok, einschließlich der Wasserlöcher bei unserem Camp. Gnus, Zebras und Elefanten kamen ins Camp, einige grasten sogar direkt unter unseren Strohdächern. Zwei männliche Zebras schienen sich hier ganz besonders zu Hause zu fühlen. Einer der beiden war ein alter Hengst, der vermutlich seinen Stutenharem aufgegeben hatte, und der andere, ein junges Tier mit merkwürdig geflecktem Fell, war wahrscheinlich noch nicht soweit, sich eine eigene Herde zu sichern. Sie liefen ganz unbekümmert auf den Wegen zwischen den Zelten umher und gingen uns kaum aus dem Weg, wenn wir an ihnen vorüberkamen. Die Gnus, von denen zwanzig oder mehr jeden Morgen ins Camp kamen, waren scheuer. Sobald einer von uns aus dem Zelt kam, gerieten sie in Panik und stürmten in wilder Flucht davon, aber ein paar Minuten später waren sie wieder da. Tuskless und die TAs erschienen fast jeden Nachmittag und ruhten unter dem Baum in der Mitte des Camps aus. Solange wir uns langsam und ruhig bewegten, schenkten sie uns Campbewohnern keine Beachtung, aber Fremde nahmen sie zur Kenntnis. Andere Elefanten fraßen in den Palmen und suchten rund um die kleinen Sümpfe am Camprand nach Nahrung.

In der offenen Lichtung gleich südlich von unserem Camp versammelten sich zahlreiche Tiere zum Fressen und Trinken, darunter Warzenschweine, Buschböcke, Büffel, Giraffen, Impalas, ein oder zwei Nashörner und unser hier lebendes Löwenpaar. Nachts hörten wir die Löwen brüllen und die Geräusche von Nilpferden, Pavianen, Leoparden, Hyänen und Schakalen. Unser Camp sah allmählich aus wie ein übervölkerter Bauernhof. Der einstmals grüne Rasen war zertrampelt und voller Mist, was sich langfristig zweifellos positiv auswirken würde, aber nicht sehr einladend aussah.

Da wir uns die meiste Zeit des Jahres mit den EBs befaßt hatten, war der Rest der Population ein bißchen aus meinem Blickwinkel geraten. Deshalb nahm ich mir vor, in Martyns Abwesenheit möglichst viele Familien zu zählen und zu fotografieren, um unsere Daten auf den neuesten Stand zu bringen. Als ich am Morgen des 30. September loszog, um im Osten mit diesen Arbeiten zu beginnen, traf ich direkt am Campeingang auf 12 der 15 EBs. Die drei fehlenden Mitglieder waren Ewan, Emo und Eric. Der Rest der Familie stopfte sich mit den riesigen Palmwedeln der *Phoenix reclinata*-Palmen voll. Diese Pflanzen sehen nicht gerade appetitlich aus, aber offenbar besitzen sie doch einen gewissen Nährwert. Nach ungefähr 15 Minuten tauchte Ewan aus einem kleinen Sumpf im Westen auf. Als ich die EBs verließ, war von Eric und Emo immer noch nichts zu sehen, aber vielleicht waren sie von den Palmen verdeckt.

Während der nächsten Woche, die sehr angenehm verlief, konnte ich meine Bekanntschaft mit dem Rest der Elefantenpopulation auffrischen. Dann kam Martyn am 15. Oktober wieder nach Amboseli, und nachdem wir einen Tag lang mit Vorbereitungen zugebracht hatten, machten wir uns am 17. Oktober auf die Suche nach den EBs. Natürlich warteten sie jetzt nicht am Campeingang auf uns! Wir suchten sie von 6.30 bis 12.30 Uhr, und ab 16.30 Uhr waren wir wieder unterwegs. Etwa eine halbe Stunde später entdeckten wir Echo, deren lange Stoßzähne unter einer riesigen Palme am südlichen Rand des Ol Tukai Orok hervorlugten. Bald darauf erkannten wir auch Ella, die mit dem Kopf tief in einer anderen Palme steckte, und Erin und Eudora, die weiter hinten grasten. Bei näherer Betrachtung stellte sich heraus, daß außer Emo alle EBs anwesend waren. Während wir die Familie beobachteten, kam sie aus dem Wald heraus und wanderte über die offene Pfanne davon. Ein wenig später tauchten zwei junge Bullen aus den Palmen auf: Emo und sein Freund Eugene von den EAs. Sie hielten sich parallel zu der Marschroute der EBs, waren also nicht ganz mit der Familie zusammen, aber auch nicht richtig allein.

In jener Nacht gab es ein Wetterleuchten in Richtung Kilimandscharo, die Luft roch nach Regen, und als wir am nächsten Morgen erwachten, lag eine dünne Schneedecke auf dem Kilimandscharo. Es war ein zauberhafter Anblick, der uns zugleich auch Hoffnung auf eine gute Regenzeit gab. Im allgemeinen setzt die kurze Regenzeit im Amboseli-Park erst im November ein, manchmal fängt sie jedoch schon Mitte Oktober an. Je früher die Regenfälle kommen, desto ergiebiger sind sie gewöhnlich.

Das Bewegungsmuster der EBs und anderer Familien ihres Clangebiets war in den nächsten Tagen ganz typisch für die späte Trockenzeit, das heißt, sie verbrachten den größten Teil des Tages in und um die Sümpfe beim Fressen. Die EBs kamen gewöhnlich im Morgengrauen zum Sumpfrand oder zu ihren Lieblingsplätzen im *Consimilis*-Gras und wanderten erst nach Sonnenaufgang zu ihren nächtlichen Weide- und Schlafplätzen außerhalb des Parks zurück.

Zu dieser Jahreszeit wird die Nahrung normalerweise knapp, und die kärgliche Kost hinterläßt Spuren bei den Elefanten. Insgesamt sahen jedoch alle Familien, die wir

Elspeth, Ely und Ellas Kalb Esau beim Trinken, und wie man sieht, mit unterschiedlichem Erfolg: Die zweijährige Elspeth verliert nur ein paar Tropfen, der 15monatige Ely vertröpfelt schon eine recht ansehnliche Menge, und der fünf Monate alte Esau verschüttet mehr, als er zu schlucken bekommt.

antrafen, gut aus. Die erwachsenen Tiere wirkten zwar ein bißchen knochig um Schultern und Becken, waren aber nicht übermäßig dünn. Die meisten Kälber sahen immer noch kugelrund und gutgepolstert aus, besonders wenn sie noch gesäugt wurden. Sie spielten jedoch so gut wie nie, und alle Elefanten bewegten sich langsam, vermutlich um Kraft zu sparen.

Wenn die EBs tief in den Enkongo Narok Sumpf hineingingen, konnten wir ihnen nicht folgen, aber wenn sie sich im Ol Tukai Orok aufhielten, verbrachten wir fast den ganzen Tag bei ihnen. Auch am 21. Oktober führte Echo ihre Familie in den Wald. Sie zogen langsam zwischen den Bäumen hindurch, fraßen beim Gehen und erreichten schließlich einen kleinen Tümpel. Alle Elefanten tranken, einschließlich Ely, der sich dabei sehr geschickt anstellte. Er war jetzt fast 8 Monate alt und konnte das Wasser mit dem Rüssel aufsaugen, den Rüssel ans Maul befördern, den Kopf zurückbiegen und das Wasser ins Maul spritzen, wobei kaum ein Tropfen verlorenging. Während die anderen weggingen, um in den nahen Palmen zu fressen, blieb Ely am Tümpelrand und trank weiter. Bis es ihm offenbar langweilig wurde, denn er klatschte jetzt mit dem Rüssel auf der Wasseroberfläche herum und verspritzte das Wasser, das er gerade aufgesaugt hatte.

Inzwischen hatte Echo mit Hilfe ihrer Stoßzähne ein Palmenherz ausgegraben, eine schwierige Arbeit, auf die sie offenbar spezialisiert war. Sie stand ganz für sich und genoß ihr Festmahl, als M22 durch die Lichtung angetrabt kam. Sobald er Echos Palmenherz roch, bremste er in vollem Lauf, warf sich im rechten Winkel herum und stürmte auf Echo zu. M22 ist fast einen Meter größer als Echo und wiegt wahrscheinlich doppelt soviel. Ich nahm also an, daß er ihr Palmenherz bekommen würde, wenn er es wollte. Aber ich hatte Echo unterschätzt. Als sie M22 heranstürmen sah, packte sie das Palmenherz und rannte damit weg. Ely raste sofort hinterher und lief dabei M22 direkt in den Weg, was ihn nur noch mehr in Panik versetzte. Einen Augenblick lang herrschte das Chaos, und auch die anderen Elefanten rannten in allen Richtungen davon. Die Sache endete schließlich damit, daß M22 die Verfolgung aufgab und sich würdevoll und gemessenen Schrittes entfernte.

Abgesehen von solchen Rangeleien ums Fressen sind soziale Interaktionen am Ende der Trockenzeit eher selten, und es gibt auch sonst nicht viel interessantes Verhalten bei den Elefanten zu beobachten. Die Familien ziehen meistens allein herum und teilen sich manchmal sogar in Untergruppen auf. Man findet nur selten ein Weibchen im Östrus, und Geburten kommen in der Zeit vom späten August bis späten Dezember normalerweise nicht vor. So war es eine Überraschung für uns, als wir am folgenden Nachmittag Zeugen eines Ereignisses wurden, das uns neue Einsichten in das Wesen der Elefanten vermittelte. Wir hatten den Vormittag des 22. Oktober bei den EBs verbracht und kehrten um 16.30 Uhr wieder zu ihnen zurück, und zwar auf einer Route, die uns durch die Ebene östlich unseres Camps führte. Dort sahen wir eine kleine Gruppe von Elefanten, was merkwürdig war, denn normalerweise hielten sie sich um diese Zeit in den Sümpfen oder im Waldgebiet auf. Obwohl sie einen halben Kilometer entfernt waren, konnte ich an ihrer Haltung erkennen, daß sie irgendwie verstört waren. Sie hielten den Kopf hoch erhoben und die Ohren weit abgespreizt. Schließlich gingen drei von ihnen nach Osten in Richtung Longinye-Sumpf davon und ließen das größte Tier zurück. Ich fuhr die Straße entlang zu ihnen, und das große Tier entpuppte sich als Grace von den GBs, die Elefantin, die nur rechts einen Stoßzahn hatte. Die anderen drei mußten also ihre Kälber Gwen (11 Jahre), Gail (8) und Garissa (3 Jahre und 8 Monate) sein. Neben Grace lag ein kleines, weißliches Bündel. Ich wollte es gerade durch mein Fernglas fixieren, als Grace sich herunterbeugte. Sie hob es auf, indem sie es mit ihrem einen Stoßzahn unterhakte und mit dem Rüssel von oben festhielt, und trug es hinter den anderen Elefanten her. Jetzt sah ich, daß es ein winziges Kalb war. Grace bewegte sich schnell, mit erhobenem Kopf und gerade ausgestrecktem Stoßzahn, bis das Kalb nach ungefähr 20 Metern abrutschte, mehr als 1,5 m durch die Luft fiel und hart auf dem Boden aufschlug. Die anderen mußten etwas gehört haben. Alle drehten sich um und rannten zu Grace zurück, wo sie aufgeregt kollernd und mit den Ohren klappend durcheinanderliefen.

Ich sprach mit einem Hirten, der uns sagte, daß die Elefanten schon seit dem frühen Morgen da waren, als Grace anscheinend ihr Kalb geboren hatte. Das Kalb hatte den ganzen Nachmittag in der heißen Sonne zugebracht und war außerdem mindestens einmal aus beträchtlicher Höhe heruntergefallen. Ich hielt es für tot und verließ die Straße, um hinüberzufahren und nachzuschauen. Die Elefanten reagierten zunächst ein bißchen beunruhigt und mißtrauisch, aber bald schenkten sie uns keine Beachtung mehr. Wir waren ungefähr eine Minute da, als wir zu unserem Entsetzen erkannten, daß das Kalb noch lebte. Gwen, Graces älteste Tochter, versuchte es aufzurichten, und das Kalb – es war ein weibliches Tier – zuckte und stöhnte schwach. Die Szene ließ beklemmende Erinnerungen an Elys ersten Tag wachwerden, aber diesmal würde es kein Happy-End

Grace versucht, ihr zu früh geborenes, sterbendes Kalb aus der offenen Ebene ins Buschland zu bringen. Am Ende hat sie es über einen halben Kilometer weit getragen und tief im Palmendickicht versteckt.

geben. Das am Boden liegende Kalb war ungefähr halb so groß wie ein normales Neugeborenes. Ich bezweifelte, daß das unglückselige kleine Geschöpf jemals auf seinen Füßen gestanden und gesaugt hatte. Statt der gesunden dunkelgrauen Haut, mit der ein Kalb sonst geboren wird, hatte es eine seltsame graurosa Farbe, und es blutete leicht aus Augen, Mund und Genitalien. Der Größe und Farbe nach mußte es sich um eine Frühgeburt handeln. Ich schaute später in den Östrus-Aufzeichnungen nach, aus denen hervorging, daß Grace im Mai 1989 im Östrus gewesen war und daß ihr Kalb im März 1991 zur Welt kommen sollte. Es war demnach vier Monate zu früh geboren.

Grace und ihre älteren Kälber waren alle sehr verstört. Sie gaben häufige Kontaktrufe von sich, und immer wieder gingen ein oder zwei von ihnen in Richtung Longinye-Sumpf los, drehten aber schon nach zehn bis zwanzig Metern wieder um und kamen zurück. Ich staunte über die engen Bande zwischen Mutter und Kalb und den älteren Kälbern und ihrer Mutter. Die anderen GBs waren vermutlich in Rufweite, und es gab Nahrung und Wasser in der Nähe, aber die drei Jungtiere blieben trotz Hunger und Durst in der offenen Ebene bei ihrer Mutter. Solche Bindungen müssen sehr vorteilhaft für die Familie sein.

Ein Schakalpaar umkreiste das Geschehen in einer Entfernung von ungefähr 50 m. Die älteren Elefanten hoben immer wieder den Kopf und machten ein paar drohende Schritte auf sie zu. Gwen versuchte noch mehrere Male, das Kalb aufzurichten, indem sie es sanft mit ihrem Fuß anschubste oder mit dem Rüssel umschlang. Sobald es einen Laut von sich gab, stieß Grace Gwen beiseite und beugte sich selbst zu ihm hinunter. Dreimal hob sie es während der nächsten Stunde auf ihren Stoßzahn und trug es mit sich, bis es einmal mit einem entsetzlichen dumpfen Schlag zu Boden fiel. Jedesmal steuerte sie dabei den Ol Tukai Orok-Wald in der Nähe meines Camps an. Ich hatte zwar schon gehört, daß Elefantinnen bei ihren toten Babys bleiben und sie mit sich herumtragen, aber bei Grace war es meiner Meinung nach anders. Ihr Verhalten wurde dadurch stimuliert, daß das Kalb noch lebte und sich hin und wieder rührte oder einen schwachen Laut von sich gab. Als wir lange nach Sonnenuntergang wegfuhren, hob Grace das Kalb wieder auf und schaffte diesmal ganze 30 Meter.

Am nächsten Tag brachen wir vor Sonnenaufgang auf, aber wir fanden Grace und ihre Kälber nicht mehr in der Ebene. Wir suchten die Gegend ab und erspähten Gwen und Gail am Rand des Palmendickichts von Ol Tukai Orok. Wir fuhren hin und konnten Grace und die dreijährige Garissa zwischen den Palmen ausmachen. Wir schafften es, unseren Wagen noch ein Stück näher heranzumanövrieren, und so konnten wir das winzige Kalb auf dem Boden neben ihnen gerade erkennen. Grace hatte das Kleine über 500 m in die kühle Abgeschiedenheit des Palmendickichts getragen. Es war eine wahre Meisterleistung an Geschicklichkeit und Zielstrebigkeit.

Wir nahmen an, daß das Kalb tot war, konnten jedoch nicht genug sehen, um sicher zu sein. Im Laufe des Vormittags gab es häufig Kontakt-Rufe. Grace bewegte sich kaum von ihrem Kalb weg und kam nur dreimal kurz zwischen den Palmen hervor, jedesmal gefolgt von Garissa, die am vorhergehenden Tag bei ihr zu trinken versucht hatte, aber abgewiesen worden war. Jetzt ließ Grace sie trinken. Am Nachmittag verschwand Grace, und wir nutzten die Gelegenheit, um uns an eine Öffnung im Palmenwald heranzupirschen und hineinzuschauen. Das Kalb lag auf der Brust, es atmete nicht mehr. Um das Kalb herum war der Boden aufgewühlt, ein Zeichen, daß es hier ziemlich aufgeregt zugegangen war.

15 Minuten später kamen Grace und die anderen wieder zurück, nachdem sie im Sumpf getrunken hatten. Sie nahmen ihre Wache wieder auf und blieben den Rest des Tages in der Nähe des toten Kalbs.

Wir verbrachten den folgenden Tag bei den EBs, schauten aber beim Verlassen des Camps und bei unserer Rückkehr nach Grace. Beim zweiten Mal war sie nicht bei ihrem Kalb, und wir konnten sehen, daß der Kadaver teilweise aufgefressen war, wahrscheinlich von Schakalen. Löwen oder Hyänen hätten den Kadaver ganz aufgefressen, es sei denn, sie wären von Grace überrascht worden. Am 25. Oktober, drei Tage nach der Geburt, war Grace immer noch in dem Gebiet. Sie stand jetzt nicht mehr über dem Kalb, ging aber von Zeit zu Zeit zu ihm zurück.

Wir sahen die GBs am 27. Oktober und am 2. November, beide Male ohne Grace und ihre Kälber. Erst am 7. November fand ich die gesamte Familie wieder zusammen. Also hatte Grace mindestens drei Tage ihr totes Kalb bewacht und war zwei Wochen von ihrer Familie getrennt gewesen. Ich fragte mich, ob sie in dieser Zeit teilweise oder dauernd durch Kontaktrufe miteinander Verbindung gehabt hatten. Wir wissen, daß viele Lautäußerungen der Elefanten eine sehr niedrige Frequenz haben, zu niedrig für das menschliche Ohr. Diese sogenannten Infraschall-Laute tragen über weite Entfernungen, möglicherweise bis zu 10 km. Es könnte sein, daß Grace ziemlich regelmäßig Kontakt mit dem Rest der Familie hatte. Tatsächlich hatten wir, als Grace bei ihrem toten Kalb war, Elefantenrufe aus der Richtung der GBs gehört. Wir können zwar viele Lautäußerungen der Elefanten erkennen und beschreiben, wissen jedoch nicht, welche Nachrichten sie übermitteln. Ich konnte nur Vermutungen darüber anstellen, ob Grace ihren Streß und ihre Aufregung an die anderen Familienmitglieder weitergegeben hatte.

Gegen Ende Oktober zogen jeden Nachmittag von Osten her Regenwolken auf. Am 30. und 31. regnete es im gesamten Amboseli-Becken sowie auf den Berghängen und auf den höheren Gebirgskämmen im Osten, aber nicht im Park. Am Nachmittag des 7. November gab es dann ein kurzes Gewitter mit heftigem Wind und nur wenig Regen. Doch bei durchschnittlich 300 mm Regen im Jahr zählt jeder Tropfen. Als wir am 8. November erwachten, war der Tag frisch und klar, und alles glänzte und leuchtete, blitzsauber gewaschen vom Regen. Wir hatten diesen Tag für Schreibtischarbeiten reserviert und blieben, wenn auch nur ungern, im Camp. Hätten wir uns anders entschieden, dann hätten wir vielleicht ein faszinierendes Ereignis verpaßt, das allerdings ebenfalls sehr traurig war.

Kadzo, die Doktorandin, hatte das Camp früh verlassen und war gegen 11.30 Uhr zurückgekommen, um uns eine kranke Elefantenkuh zu melden, die zu den AAs gehörte, einer großen Familie mit 22 Mitgliedern. Die junge Elefantin war ihr gegen 9.00 Uhr zum erstenmal aufgefallen, als sich die AAs am nördlichen Rand des Ol Tukai Orok aufhielten. Astrid, die 11jährige Tochter von Alison, lag auf den Knien, harnte viel und schien starke Bauchschmerzen zu haben. Kadzo ging ihrer Arbeit nach, kam aber gegen 11.00 Uhr zu der Familie zurück. Die AAs waren inzwischen über die Ebene in Richtung Enkongo-Sumpf gezogen und hatten Astrid weit hinter sich gelassen. Ihre Mutter Alison kam immer wieder zu ihr zurück, offenbar um sie zum Mitkommen zu bewegen.

Aus Kadzos Bericht schloß ich, daß Astrid einen Darmverschluß oder irgendeine andere Verdauungsstörung haben könnte. Andererseits hatte ich ein ähnliches Verhalten schon in anderem Zusammenhang gesehen, und so holte ich vorsichtshalber meine Paarungs- und Östrus-Aufzeichnungen hervor. Tatsächlich war Astrid am 16. Dezember 1988 im Östrus gewesen, also vor etwas über 22 Monaten, einen Monat vor ihrem 10. Geburtstag. Obwohl Astrid noch sehr jung war, konnte es durchaus sein, daß sie ein Kalb bekam.

Martyn und ich sprangen in den Landrover und steuerten den Enkongo Narok an. Dort fanden wir die meisten AAs im Sumpf und am Sumpfrand beim Fressen. Die 28jährige Alison und ihr zweijähriges Kalb standen bei Astrid, die im Schlamm und Wasser lag. Ich kannte Alison, seit sie 10 Jahre alt war, hatte sie aufwachsen und selber Kälber bekommen sehen. Astrid war ihre Zweitgeborene und die erste, die das Erwachsenenalter erreicht hatte. Während der nächsten Stunde blieb Astrid dort, hob gelegentlich den Kopf oder stand auf und legte sich wieder hin. Wir konnten nicht genug sehen, um festzustellen, ob sie Wehen hatte oder krank war. Um 13.30 Uhr kam sie schließlich

Rechte Seite: Beim Fressen zwischen den Schirmakazien, den klassischen Savannenbäumen. Im frühen Morgenlicht haftet den Elefanten eine geheimnisvolle, urzeitliche Aura an.

aus dem Sumpf. Ihre schlammbedeckte Vulva hing weit herunter, und ein kleiner Klumpen ragte unter ihrem Schwanz hervor. Damit war die Sache klar: Astrid hatte Wehen.

Es war erst die dritte Geburt, die wir seit Beginn unseres Projekts erlebten, und ich beobachtete Astrid sehr sorgfältig. Nachdem sie aus dem Sumpf herausgekommen war, ging sie zu einer Gruppe von *Salvador persica*-Büschen und schlug mit ihren Stoßzähnen darauf ein. Sie streckte den Schwanz zur Seite, harnte häufig und wirkte sehr aufgeregt. Dann kniete sie sich auf die Hinterbeine und preßte mehrere Male. Einige Minuten später bewegte sie sich mit ihrer Mutter ungefähr 30 m nach Norden, dabei pflückte sie Blätter von den Bäumen und fraß ein bißchen. Bald machte sie sich über einen Busch her, und ich fragte mich, ob dies wohl eine Reaktion auf ihre Schmerzen war. Um 14.09 Uhr legte sie sich nieder, aber Alison eilte kollernd zu ihr hin, und sie stand wieder auf. Ein paar Minuten später preßte sie wieder, wobei sie fast auf den Knien lag.

In den nächsten zwei Stunden wiederholten sich diese Vorgänge viele Male und in wechselnder Reihenfolge. Alison blieb dicht bei Astrid, drängte sie aber nach einer Weile nicht mehr dazu, stehenzubleiben. Die beiden Elefantinnen verständigten sich durch häufiges Kollern und hatten vielleicht auch Rufkontakt mit dem Rest der Familie, die, immer noch fressend, weitergezogen war. Um 16.40 Uhr wurde die Ausbuchtung unter Astrids Schwanz allmählich deutlicher und etwas tiefer, aber sonst gab es wenig Veränderung.

Es folgt ein Auszug aus meinen Notizen über die nächste halbe Stunde:

16.44: Kniet wieder in Hockstellung, preßt jetzt richtig.
16.45: Immer noch in Hockstellung, verhält sich ganz ruhig. Für eine Erstgebärende ist sie weniger aufgeregt, als ich erwartet hätte.
16.46: Liegt auf allen vier Beinen wie ein Hund. Dann rollt sie sich etwas auf die Seite. Amelia (ein anderes AA-Weibchen) und drei Kälber nähern sich von Süden. Begrüßungskollern zwischen Amelia und Alison.
16.50: Astrid steht auf. Schwanz hoch erhoben. Noch mehr Kollern von Amelia. Glaube, der Fötus ist ziemlich weit unten, zum Teil mindestens über den halben Weg. Alison kommt zu Astrid herüber, streckt Rüssel nach ihr aus. Alisons Kalb kommt auch.
17.05: Ziemlich oft in Hockstellung. Mehrmals langes Hocken. Jetzt kommt ein wenig Blut aus der Vagina, und wir können den Fötus in voller Länge im Geburtskanal sehen.

17.06: Hockt wieder. Ihr Anus ist weit herausgedrückt, und der Geburtskanal enorm gedehnt. Andere Elefanten der Familie nähern sich. Alison bleibt dicht bei ihr.
17.09: Sie kniet wieder auf den Hinterbeinen, preßt. Zum Teil immer noch weit oben. Der Hauptteil des Fötus scheint immer noch oben unterhalb des Anus zu sein.
17.11: Sie war gerade wieder in Hockstellung, und ich glaube, ich sah den Fötus ziemlich schnell herunterrutschen.
17.12: Steht wieder, hockt nicht mehr. Hauptwölbung immer noch oben bei ihrem Schwanz.
17.13: Hockt wieder auf ihrem rechten hinteren Knie. Alison bleibt dicht bei ihr.
17.15: Steht auf. Wenig Blut, nur ein paar Tropfen. Sie tritt nach hinten. Ihr ganzes Hinterteil ragt ungefähr einen Fuß weit hervor.
17.22: Kalb geboren.

Die eigentliche Geburt ging sehr schnell vonstatten. Zuerst war Astrid teilweise durch einen Busch verdeckt, und wir konnten gerade noch sehen, wie ein Hinterbein und dann noch eines aus ihrer Vulva hervorschaute. Zu unserem Glück kam sie dann hinter dem Busch hervor und stellte sich neben unser geparktes Auto. Sie preßte noch ein letztes Mal, und der Fötus wurde mit großer Kraft herausgetrieben. Er schoß regelrecht hervor, mit dem Hinterteil voran, und landete auf dem Rücken. Sein Hinterteil war bis zur Mitte des Körpers frei, während Kopf und Schultern noch in den Eihäuten steckten. Die Plazenta, noch an der Eihaut hängend, lag über seiner Stirn. Die Nabelschnur war um die Brust gewickelt. Ich hatte bisher nur eine einzige andere Geburt selbst gesehen, und dort hatte das Kalb gleich nach der Geburt zu zappeln begonnen. Dieses Kalb lag ganz still.

Es war ein großes, männliches Kalb mit dunkler, gesund aussehender Haut. Sobald es heruntergefallen war, stieg Astrid rückwärts darüber hinweg und lief mit ausgestrecktem Rüssel und abgespreizten Ohren weg. Sie wirkte sehr verstört. Ihre Mutter kam sofort herüber, um das Kalb zu inspizieren. Sie streckte den Rüssel aus und schüttelte den Kopf, so daß ihre Ohren laut gegen den Hals klatschten – eine typische Mißfallensgebärde. Sie ging noch näher heran, stupste das Kalb sanft mit ihrem Fuß an und versuchte es aufzurichten. Das Kalb bewegte sich immer noch nicht. Uns war nun klar, daß es tot war.

Praktisch alle Elefantengeburten geschehen nachts, und ich nahm an, daß Astrid schon in der vorigen Nacht in die Wehen gekommen war oder sogar schon 24 Stunden

Die 11jährige Astrid im letzten Stadium ihrer mühseligen Wehen: Hier sieht man die Füße des Kalbs hervortreten.

eher. Vielleicht hatten die Wehen so lange gedauert, weil es eine Steißgeburt war oder weil das Kalb so groß und Astrid noch sehr jung war. Was auch immer der Grund sein mochte, das Kalb war sicher bei dem langen Geburtsprozeß gestorben, wahrscheinlich von der Nabelschnur um seine Brust erstickt.

Während ihre Mutter das Kalb aufzurichten versuchte, stand Astrid ungefähr 12 Meter entfernt und sah ziemlich benommen aus. Etwa acht Minuten nach der Geburt ging sie zu ihrem Kalb zurück, beroch es und kollerte. Inzwischen marschierte Alison zielstrebig nach Norden davon. In den nächsten 15 Minuten kamen zwei weitere AA-Elefantinnen und berochen das Kalb. Sie schienen sofort zu wissen, daß es tot war, wurden still und zögerten, so wie sich Elefanten verhalten, wenn sie auf die Knochen oder Kadaver ihrer Artgenossen stoßen. Dann tauchte eine erwachsene Kuh namens Audrey mit ihrem Kalb auf. Sie begrüßte Astrid, indem sie ihren Rüssel an ihr Maul führte, und beroch das Kalb. Danach drehte sie ihm den Rücken zu, streckte ein Hinterbein zurück

Das Kalb schießt hervor, mit den Hinterbeinen voran, und landet auf dem Rücken. Sein Kopf ist von den Eihäuten und der Plazenta verdeckt.

und berührte es ganz sanft mit dem Fuß, eine Geste, die ich schon bei anderen Elefanten gegenüber toten Artgenossen gesehen hatte.

Audrey wandte sich dem Kalb wieder zu, beugte sich herunter und riß die Eihäute mit einem ihrer Stoßzähne auf. Normalweise strampelt das Kalb in seiner Hülle, und die anderen Elefantinnen helfen der Mutter, die durchsichtigen Häute zu entfernen. Aber hier bewegte sich nichts, und Audrey gab nach dem ersten Versuch auf. Astrid stand ruhig daneben, hob hin und wieder Stöcke auf und warf damit, was wohl eine Art Übersprungshandlung war. Dann näherte sie sich wieder ihrem toten Kalb, obwohl sie sich immer noch davor zu fürchten schien. Um 17.15 Uhr kam der nächste Trupp aus der großen AA-Familie. Astrid wurde munterer, und nachdem sie von ihren Verwandten begrüßt worden war, begannen ihre Schläfendrüsen Flüssigkeit abzusondern. Ich fand es interessant, daß dies erst in einer solchen sozialen Situation passierte, nicht zum Beispiel während der Wehenschmerzen.

Um 18.00 Uhr wirkte Astrid nicht mehr so erschöpft, aber dafür umso verstörter. Sie stand direkt neben dem Baby und schleuderte mit den Füßen Gras in die Luft. Sie verhielt sich auch leicht aggressiv gegenüber den jüngeren Weibchen, die sich zu nähern versuchten. Es sah aus, als ob plötzlich ihr Mutterinstinkt erwacht sei und sie das Kalb zu verteidigen suchte. Eines der halbwüchsigen Weibchen legte einen Stock auf das tote Kalb. Andere scharrten im Gras und am Boden herum, aber es gab nirgends lose Erde, mit der sie den Kadaver zudecken konnten.

Als um 18.12 Uhr die Leitkuh der AAs, Wart Ear, eintraf, verursachte dies bei allen Elefanten eine ungeheure Aufregung, besonders bei Astrid. Sie schlug mit den Ohren, kollerte laut und schrie mit hocherhobenem Kopf und weitgeöffnetem Maul ihren Kummer heraus. Ich habe selten eine Reaktion beobachtet, die so deutlich die Beziehung der Leitkuh zu ihren Familienmitgliedern zeigte. Wart Ear steckte ihren Rüssel in Astrids Maul, versuchte aber nicht, das Kalb aufzurichten. Zwei Minuten später kam Astrids Mutter zurück, und es gab noch mehr Kollern und Trompeten. Alison ging sofort zu dem toten Kalb und beroch es, während Astrid sie mit tiefen, blubbernden Lauten begrüßte.

Alle diese Interaktionen und Verhaltensweisen waren ebenso faszinierend wie frustrierend, weil ich nicht wußte, was in den Köpfen der Elefanten vorging. Ich fand Alisons Verhalten besonders verblüffend. Während der ganzen Geburt blieb sie bei ihrer Tochter, fraß kaum, blieb ruhig und war immer zur Stelle. Kaum war das Kalb geboren, war sie ebenfalls da, um ihr beizustehen, vermutlich während sie versuchte, ihm auf die Füße zu helfen. Dann ging sie zielstrebig davon und kam zurück, kurz nachdem Wart Ear eingetroffen war.

Aber was hatte sie während der Geburt „gedacht“? War sie danach weggegangen, um Wart Ear zu holen, und wenn ja, warum? Ich wüßte gerne mehr über die kognitiven Prozesse bei diesen hochentwickelten Tieren.

Kurz nach Alisons Rückkehr tauchte Amy als letzte der erwachsenen AAs auf. Auch sie begrüßte Astrid und beroch und befühlte das tote Kalb. Wie alle anderen schien sie sofort zu wissen, daß es tot war. Lange nach Einbruch der Dunkelheit verließen wir Astrid, die von der ganzen Familie umringt war und von deren Fürsorge und Gesellschaft profitierte. Sie tat mir sehr leid, aber ich tröstete mich damit, daß sie vermutlich ein langes Leben vor sich hatte und noch viele gesunde Kälber bekommen konnte. Ich hatte keine Blutungen feststellen können und war sicher, daß sie sich bald erholen würde.

Am folgenden Morgen kehrten wir noch einmal an den Geburtsort zurück und erlebten eine ergreifende Szene. Astrid stand ganz allein neben ihrem toten Kalb in der weiten, offenen Landschaft. Das Kalb lag noch am selben Fleck, es war nur mit ein paar Grasbüscheln bedeckt worden. Ich war erstaunt, daß Astrid dageblieben war, um ihr Kalb zu bewachen, obwohl ihre Familie und vor allem ihre Mutter weitergezogen waren. Sie war erst 11 Jahre alt und hatte ihr Kalb nie lebendig gesehen, und trotzdem war ihr Mutterinstinkt offenbar stärker als ihre sozialen Instinkte.

Als Martyn am späten Vormittag noch einmal nach Astrid sah, war sie verschwunden, aber als ich nachmittags hinausfuhr, fand ich sie wieder bei ihrem Kalb. Im Umkreis von ungefähr 30 m warteten geduldig 20 Geier. Am nächsten Tag war Astrid wieder bei ihrer Familie, und von dem Kalb war nichts mehr zu sehen, ebensowenig wie von dem Drama, das sich zwei Tage zuvor hier abgespielt hatte.

Am 11. November fuhren Martyn und ich zum vorläufig letzten Mal zu den EBs hinaus. Wir mußten unsere Arbeit für eine Weile unterbrechen und würden nicht vor Januar zurückkommen. Leider würden wir so die Geburt von Ellas Kalb verpassen. Nach meiner Schätzung war Ella jetzt im 22. Monat und würde ihr Kalb gegen Ende Dezember bekommen. Nachdem wir gerade zwei mißglückte Geburten erlebt hatten, hofften wir, daß wenigstens diese gutgehen würde. Als erste von den EBs trafen wir Ella und drei Kälber am Rand des Enkongo Narok-Sumpfs. Sie schien sich jetzt öfter von Echo zu trennen und machte einen müden und langsamen Eindruck. Sie hielt immer wieder an, kollerte und horchte, aber alle Laute, die sie von sich gab, waren Kontaktrufe, nicht Kontaktantworten, was wahrscheinlich bedeutete, daß Echo nicht in Hörweite war. Später fanden wir Echo ein paar Kilometer entfernt mit dem Rest der Familie. Alle steckten mit den Köpfen tief in den Palmen und fraßen.

Am selben Nachmittag hatten wir einen ausgiebigen Gewitterregen, und es regnete auch in der Nacht. Ich war erleichtert, denn ich hatte schon befürchtet, daß die kurze Regenzeit ausbleiben würde. Bis zu diesem Zeitpunkt hatte es keine nennenswerten Niederschläge gegeben. Die ausgedehnte Trockenzeit hatte deutliche Spuren im Park hinterlassen. Außerhalb der Sumpfgebiete gab es überhaupt kein Gras mehr, und selbst an den feuchten Sumpfrändern war alles bis auf die Stoppeln abgefressen.

DIE DÜRRE

November 1990 bis März 1991

November und Dezember

Den restlichen November und den größten Teil des Dezembers verbrachte ich in Nairobi und wurde von Kadzo, Norah und Soila über die Ereignisse im Amboseli-Park auf dem laufenden gehalten. Im November gab es weitere Regenfälle, und der Park wurde grün, aber Anfang Dezember hörte der Regen auf. Ich addierte meine Zahlen zusammen und fand heraus, daß insgesamt in der kurzen Regenzeit nur enttäuschende 66,2 mm gefallen waren. In guten Jahren fielen im Amboseli-Park bis zu 200 mm Regen in den Monaten Oktober, November, Dezember. Außerdem gab es in manchen Jahren, zum Beispiel 1990, im Januar und Februar, der Zeit „zwischen den Regen", noch zusätzliche Regenfälle. Ich hoffte, daß das auch 1991 so sein würde.

Am 17. Dezember stieß Norah auf die EBs, als sie Zählungen bei den Familien und Bullen durchführte. Außer Emo waren alle Mitglieder vollzählig versammelt. Sie hielten sich im Olodo Are-Gebiet auf; wahrscheinlich hatte sie der Regen dazu gebracht, ihr Trockenzeitgebiet zu verlassen. Ein paar Minuten, nachdem Norah die Familie entdeckt hatte, stellte sie fest, daß Ella ein winziges Kalb bei sich hatte. Es war ein männliches

Rechte Seite: Der Amboseli-Park ist für seinen feinen alkalischen Staub berühmt, der schon in der Trockenzeit ziemlich lästig ist und während einer Dürre zur allgegenwärtigen Plage wird.

Kalb, und der Kleine war etwa 5 Tage alt, wie sie nach genauerer Beobachtung herausfand. Obwohl er ein paar Wochen früher geboren war, als wir erwartet hatten, sah er nicht besonders klein aus. Er war nicht so groß wie Ely bei seiner Geburt, aber das war vielleicht auch besser so. Ellas Kalb sah normal, aktiv und gesund aus.

Weihnachten verbrachte ich mit mehreren Freunden im Amboseli-Park. Ich freute mich, daß das Gras im Camp hochgeschossen war und daß alles recht gut aussah. Während meines kurzen Aufenthalts versuchte ich zweimal, die EBs zu finden, aber ich hatte kein Glück. Norah berichtete, es seien nur wenige Elefantenfamilien im Park und diese wenigen schlössen sich meistens zu größeren Herden im Olodo Are zusammen. Sie hatte Echo und ihre Familie zum letzten Mal am 21. Dezember in einer Gruppe von 55 Elefanten gesehen.

Januar bis März

Martyn kam am 8. Januar in Kenia an, und am 11. kehrten wir nach Amboseli zurück. Wie Anfang 1990 war der Himmel leuchtend blau. Der Kilimandscharo sah ohne Wolkenhülle noch näher und prächtiger aus. Der Januar ist mein liebster Monat in Amboseli. Der Park ist grün, die Elefanten versammeln sich in großen Herden, zahlreiche Kühe sind im Östrus und viele Bullen in der Musth, und die Babys scheinen geradezu vom Himmel zu fallen. Meine einzige Sorge war in diesem Jahr, daß die klaren Himmel wenig Hoffnung auf zusätzlichen Regen aufkommen ließen.

Am folgenden Tag kurvten wir durch Echos Lieblingsplätze, und wie üblich konnten wir sie nicht finden. Wenn wir eine Zeitlang weg waren, brauchten wir immer ein paar Tage, bis wir wieder in ihren Rhythmus hineinfanden. Erst am nächsten Abend entdeckten wir Echo und ihre Familie, als sie gerade aus den Ol Tukai Orok-Wäldern auftauchten. Alle außer Emo waren da und sahen gut aus, einschließlich Ellas neuem Kalb, das ich Esau taufte.

In den nächsten Tagen sahen wir die EBs regelmäßig, und Emo fehlte jedesmal. Anscheinend hatte er sich endgültig von der Familie getrennt. Am 18. Januar, als die EBs in der Nähe unseres Camps grasten, wurde uns Emos Unabhängigkeit noch deutlicher vor Augen geführt. Echo und ihre Familie waren seit dem frühen Morgen in der Gegend gewesen. Am Mittag tauchte Emo mit einer anderen Familie, den CBs, auf. Ich erwartete, daß er sich zu seiner Familie gesellen würde, und war gespannt, wie sie auf ihn reagierten. Aber er ging nicht zu ihnen. Er verließ die CBs und wanderte allein nach Süden weiter; von seiner eigenen Familie hatte er die ganze Zeit gut hundert Meter Abstand gehalten. Er sah mit seinen zehn Jahren noch viel zu klein aus, um sich schon alleine durchzuschlagen, und ich machte mir Sorgen, ob er die kritischen „Teenagerjahre" überstehen würde. Ich würde ihn wohl nur noch selten sehen, bis er zu einem erwachsenen Bullen mit einem regelmäßigen Musth-Zyklus herangereift war und sich in einem der Bullengebiete niederließ.

Eine Woche später, am 25. Januar, hatten wir eine Begegnung, die uns ein paar wichtige neue Einblicke in das Leben von mittelgroßen, unabhängigen Bullen verschaffte. Als wir abends zum Camp zurückfuhren, sahen wir zwei Bullen in der offenen Senke östlich der Ol Tukai Orok-Wälder. Ich kenne die Bullen längst nicht so gut wie die weiblichen Tiere, schon deshalb nicht, weil ich sie nicht so regelmäßig sehe. Außerdem wachsen und verändern sich männliche Elefanten auch schneller als weibliche, und ihre Ohren bekommen immer mehr Kerben und Löcher im Lauf der Zeit. Ich muß meistens auf meine Fotokartei zurückgreifen, um einen Bullen zu identifizieren. Ich erkannte keinen der Bullen auf Anhieb, aber einer der beiden kam mir irgendwie vertraut vor, und so hielt ich an.

Es waren beides schöne Tiere mit kräftigen Beinen. Ich schätzte sie auf Anfang Zwanzig. In diesem Alter ist ein Bulle ungefähr 30 cm größer als die größten weiblichen Tiere, und auch seine Stoßzähne sind erheblich dicker und schwerer. Trotz seiner Größe und der viel kräftigeren Stoßzähne sah einer der Bullen Emo verblüffend ähnlich. Ich schaute in der Kartei nach und stellte fest, daß der Bulle tatsächlich Little Male war, Emos älterer Bruder, der die Familie 1983 verlassen hatte. Ich hatte ihn seit 1989 nicht mehr gesehen – jedenfalls nicht bewußt. Ich fand es interessant, daß Geschwister sich derart ähnlich sehen konnten. Und bemerkenswert erschien mir auch, daß Little Males Gefährte niemand anders als Ezra war, der seine Familie, die EAs, etwa um dieselbe Zeit verlassen hatte wie Little Male. Die beiden jungen Bullen waren oft zusammengewesen, solange sie noch bei ihren Familien lebten, und hatten sich nun auch in den ersten Jahren ihrer Unabhängigkeit miteinander verbündet. Unseren Aufzeichnungen nach waren sie zwar nicht dauernd zusammen, aber sie wurden oft in derselben Bullengruppe gesehen.

Vielleicht bilden sich weit stärkere Bande zwischen den Bullen heraus, als ich gedacht hatte.

In Little Males und Ezras Alter fängt ein Bulle gerade erst an, sich an dem harten Konkurrenzkampf um die Weibchen zu beteiligen. Meistens kommen sie dann nur als „Paarungsschmarotzer" zum Zug. Mit Anfang oder Mitte Zwanzig ist ein Bulle noch nicht stark genug für einen offenen Kampf um ein Östrus-Weibchen, und so muß er sich auf anderen Wegen eine Paarungsmöglichkeit sichern. Die eine Möglichkeit besteht darin, ein Weibchen zu finden, bevor die großen Bullen es entdecken. Wird das Weibchen aber bereits von einem Musth-Bullen bewacht, dann bleibt nur noch eine Chance, nämlich solange in ihrer Nähe herumzuhängen, bis der Bewacher zum Beispiel von einem potentiell gefährlichen Rivalen abgelenkt wird. Während also der große Bulle seinen Rivalen verjagt, stürzt sich der „Paarungsschmarotzer" auf das Weibchen und versucht es zu begatten.

Wir behielten diesmal die Bullen im Auge, denn wir wollten einen Musth-Bullen filmen. Im Januar begegneten wir gleich zwei Musth-Bullen, M10 und M132 (Chris). Unsere Wahl fiel jedoch ganz spontan auf den majestätischen und äußerst duldsamen M22. Im Jahr 1990 hatten wir miterlebt, wie er mit erstaunlicher Zielstrebigkeit brünstige Weibchen aufspürte, und im Juni hatten wir während seiner Rückzugsphase ein paar angenehme Tage mit ihm verbracht. Dieses Jahr wollten wir seine Musth-Aktivitäten genauer verfolgen. Wir waren ziemlich optimistisch, denn der sexuelle Zyklus von M22 war regelmäßig und gut vorhersagbar. Wir hatten Musth-Aufzeichnungen von ihm, die bis ins Jahr 1977 zurückreichten, und so wußten wir, daß er in den letzten 13 Jahren von Januar bis März oder April in die Musth gekommen war.

In diesem Januar hielt er sich immer noch in seinem Bullen-Gebiet auf, den Ol Tukai Orok-Wäldern und dem Enkongo Narok-Sumpf. Diese Gegenden waren zugleich auch das Heimatgebiet der EBs, was für uns sehr praktisch war. M22 zeigte keines der üblichen Musth-Symptome. Er war meistens allein oder hielt sich in der Nähe von anderen Bullen

Linke Seite: Die Amboseli-Elefanten teilen ihr Streifgebiet und ihre Nahrungsgründe mit zahlreichen anderen Arten, einschließlich Zebras und Gnus. In Dürrezeiten gibt es harte Konkurrenzkämpfe um die verbleibende Vegetation.

oder Familienverbänden auf. An den Weibchen schien er nicht interessiert zu sein. Bei genauerer Beobachtung fiel mir auf, daß er zu dünn für einen Bullen war, bei dem gerade die Musth-Periode einsetzt. Er sah nicht krank aus, aber in bester Verfassung schien er auch nicht zu sein, und ich war nicht mehr so sicher, ob er in den nächsten Wochen in die Musth kommen würde.

Bis jetzt hatte es im Januar überhaupt noch keinen Regen gegeben, und der Park trocknete bereits aus. Am 26. Januar regnete es im ganzen Amboseli-Becken, aber nicht im Park. Fünf Tage später zog ein kräftiger Sturm mit 25,8 mm Regen auf. Aber leider war das vorerst der letzte Regen. In den nächsten Wochen konzentrierten sich die Amboseli-Tiere um die zentralen Sümpfe herum, so wie sie das im September und Oktober, den beiden letzten Monaten der Langen Trockenzeit, immer tun. Die Elefanten kamen jeden Tag in aller Frühe und wanderten schnurstracks in die tieferen Sümpfe hinein. Kurz darauf bevölkerten sich die Sumpfränder mit ganzen Scharen von Gnus, Zebras, Büffeln und Thompson-Gazellen. Auch mein Camp verwandelte sich wieder in ein beliebtes Weidegebiet, und die Gräser, die an Weihnachten noch gut sechzig cm hoch standen, waren bald bis auf 5 cm abgefressen.

Ich hatte noch nie so viele Gnus und Zebras im Amboseli-Park gesehen. Der Ökologe David Western gab mir recht. Er arbeitete schon seit 20 Jahren im Park, und aus seinen Zählungen ging hervor, daß sich diese beiden Spezies seit 1977 mehr als verdoppelt hatten. Das Jahr 1977 stellte für viele Tiere im Amboseli-Park einen Wendepunkt dar. Es war das Ende einer langen Dürre, die 1976 am verheerendsten gewütet hatte. Und es war zugleich das Jahr, in dem die Massai endgültig den Park verließen und fortan auf Gemeinschaftsviehfarmen in der Umgebung lebten. Mit ihnen verschwanden die Viehherden, die den Wildtieren einen Teil ihrer Weidegründe streitig gemacht hatten. Zudem gab es in den nächsten sieben Jahren überdurchschnittliche Regenfälle, und so konnten sich die grasfressenden Spezies, einschließlich Gnus, Zebras und Büffeln, stark vermehren. Auch die Elefanten vermehrten sich; die Zahl der Gesamtpopulation war von 479 Tieren zu Beginn des Jahres 1978 auf 755 Tiere Anfang 1991 angestiegen. So war die Wildtierdichte im Park jetzt ziemlich hoch. Ein Ökologe hätte vielleicht gesagt, daß die Grenzen seiner „Tragkapazität“ erreicht seien, das heißt, die maximale Anzahl von Tieren, die ein bestimmtes Gebiet gerade noch tragen kann. Ich bin eher skeptisch, was diese Konzeption angeht, denn meiner Meinung nach sind die Bedingungen in den afrikanischen Savannen viel zu unberechenbar, als daß man ein bestimmtes Maximum festlegen könnte. Allerdings gebe ich zu, daß ein Gebiet zu bestimmten Zeiten und bei entsprechenden Regenfällen durchaus an seine Kapazitätsgrenzen stoßen kann. Im Jahr 1991 hatte der Amboseli-Park diese Grenze offenbar erreicht.

Im Februar fingen die Gnus an, ihre Kälber zu werfen. Gnus haben eine relativ kurze, stark synchronisierte Geburtensaison, die ungefähr drei Wochen dauert. Man nimmt an, daß die Kälber alle etwa zur selben Zeit geboren werden, um die Raubtiere regelrecht zu „überschwemmen". Wenn den Beutegreifern Hunderte von Kälbern zur Verfügung stehen, hat jedes für sich genommen eine bessere Überlebenschance. Praktisch alle Weibchen waren 1990 trächtig geworden, und bald konnten wir Dutzende von neuen Kälbern in den Herden sehen, an denen wir vorbeifuhren. Direkt beim Eingang zu meinem Camp ging das Gelände in einen großen, grasbewachsenen Buckel über, den die Gnus offenbar zu ihrem Gebärplatz erwählt hatten. Jeden Morgen lagen neue Kälber noch feucht auf dem Boden und versuchten strampelnd und zappelnd auf die Beine zu kommen, und häufig trafen wir sogar ein oder zwei Weibchen beim Geburtsakt an. Anfangs fanden wir den Anblick faszinierend, aber es ging uns nicht anders als den Raubtieren – nach einiger Zeit ließen uns die Kälber kalt. Außerdem bedeutete diese Kälberschwemme ein paar tausend zusätzliche hungrige Mäuler, und das Gras war ohnehin schon bis auf die Stoppeln abgefressen.

Mitte Februar konnten wir bei M22 immer noch keine Musth-Symptome entdecken. Es kamen auch sehr wenige Kühe in den Östrus. Von Januar bis Mitte Februar wurden nur zwei Weibchen im Östrus gesehen. Beide hatten ein Kalb verloren. Eine davon war Grace, die offenbar den Verlust ihres zu früh geborenen Kalbs wettzumachen versuchte. Wir sahen sie am 12. Februar mit dem großen Musth-Bullen M10 zusammen. Wir fragten uns, ob Astrid auch bald in den Östrus kommen würde.

Am 14. Februar fuhren wir nach Nairobi, und Martyn kehrte für zwei Wochen nach England zurück. Norah und Soilah hatten mir versprochen, M22 im Auge zu behalten, solange ich weg war, und mich sofort zu benachrichtigen, wenn er in die Musth kommen würde. Doch obwohl bei anderen Bullen der Musth-Zyklus andauerte und neue Musth-Bullen dazukamen, blieb M22 in seinem Bullengebiet und interessierte sich offenbar nur fürs Fressen. Norah und Soilah sahen in den beiden Wochen kein einziges Weibchen im Östrus. Es gab keinen Regen.

Daß es im Januar und Februar kaum sexuelle Aktivitäten gab, war ungewöhnlich. 1990 zum Beispiel waren in diesen beiden Monaten 26 Kühe im Östrus gesehen worden. Die Kurzen Regen brachten Gräser, Kräuter und Schlingpflanzen hervor, so daß die Elefanten genug zu fressen hatten, und viele reagierten auf die besseren Bedingungen mit dem Beginn ihres sexuellen Zyklus. Doch als Martyn und ich am 1. März in den Park fuhren, begriff ich, warum die Reproduktionsaktivitäten zum Stillstand gekommen waren. Seit den Dürreperioden von 1976 und 1984 hatte ich den Park im März noch nie so ausgetrocknet gesehen. Aber es war nicht nur extrem trocken, sondern auch sehr heiß. Als wir im Camp ankamen, zeigte das Thermometer in meinem Zelt, im Schatten des Strohdachs, 37° C. Die höchste Temperatur, die ich bisher in meinem Zelt gemessen hatte, war 33° C gewesen. Später erfuhr ich, daß auch in Nairobi ein paar Tage lang ähnliche Rekordtemperaturen geherrscht hatten.

Elefanten haben anscheinend ein eingebautes Geburtenregelungssystem, das auf die jeweiligen Umweltzwänge reagiert. Die Dürre, deren Auswirkungen in diesem März spürbar wurden, hatte sich seit 1990 aufgebaut. Nach der langen, harten Trockenzeit im letzten Jahr hatte es nur geringe Niederschläge in der darauffolgenden Kurzen Regenzeit gegeben, während der Regen im Januar und Februar ganz ausgeblieben war. Hinzu kamen noch die rasch anwachsenden Populationen von Gnus, Zebras und anderen Grasfressern, die den Elefanten die Nahrung streitig machten. Die Folge war, daß die weiblichen Tiere mit wenigen Ausnahmen ihren Zyklus ganz eingestellt hatten. Ein paar Bullen kamen zwar in die Musth, aber für eine deutlich kürzere Periode als sonst, und bei M22 blieb die Musth-Periode ganz aus. Meine Kollegin Joyce, die das Musth-Phänomen eingehend studiert hatte, war der Meinung, daß M22 sich vielleicht noch nicht richtig von seiner anstrengenden Musth-Periode im Jahr 1990 erholt hatte.

Elefanten passen sich in erstaunlichem Maß ihren jeweiligen Umweltbedingungen an, was offenbar viele Leute nicht wissen. Es wird oft behauptet, daß Elefanten in den meisten Parks und Reservaten in Afrika nicht mehr leben können, ohne daß man ihre Zahl mit drastischen Mitteln reduzieren müßte. In einem begrenzten Gebiet, so heißt es, werden Elefanten sich solange weitervermehren, bis sie sich sozusagen selber „aus dem Haus fressen“. Diesen letzten Satz kann man mit schöner Regelmäßigkeit in der Boulevardpresse und in Fernseh-Dokumentationen lesen und hören. Aber bisher gibt es keine ernsthaften Indizien dafür, daß so etwas je in Afrika passiert wäre.

M22 grast in einem der kleinen Sümpfe in der Nähe des Camps. Wider Erwarten zeigt er keines der charakteristischen Musth-Symptome, obwohl er sonst regelmäßig um diese Jahreszeit in die Musth kommt.

Meine Daten über die Elefantenpopulation im Amboseli-Park, die einen Zeitraum von 20 Jahren umfassen, haben gezeigt, daß das Reproduktionsverhalten der Elefanten sich ändert, wenn ihre Zahl wächst und die Nahrungsquellen knapp werden. Unter den bestmöglichen Bedingungen, mit einem mehr als ausreichenden Nahrungsangebot für jeden einzelnen Elefanten, kann die Fortpflanzungsrate einer Population 6 bis zu 7 Prozent betragen. Dieser theoretische Spitzenwert setzt voraus, daß alle Elefanten ein hohes Alter erreichen, daß alle Weibchen mit 9 oder 10 Jahren empfängnisfähig werden und alle 3 Jahre ein Kalb gebären. In der Realität wird man solche idealen Bedingungen nur selten antreffen, und wenn, dann wird dieser Zustand nicht ewig andauern. Mit Ausnahme der Regenwälder sind die Umweltbedingungen in Afrika äußerst variabel, das heißt, es gibt gute Jahre, schlechte Jahre und alles, was zwischen diesen beiden Extremen liegt. Elefanten reagieren schnell auf diese wechselnden Bedingungen, wie auch andere Wissenschaftler durch ihre Arbeit mit anderen Populationen herausgefunden haben, noch bevor ich mit meiner Studie anfing. Wenn Elefanten nicht genug Nahrung finden, tritt die Geschlechtsreife bei den Weibchen später ein, in extremen Fällen erst mit 18 oder 19 Jahren. Und statt einem Kalb alle drei bis vier Jahre bringen erwachsene Kühe in einem Gebiet mit hoher Elefantendichte eventuell nur alle sechs, sieben oder acht Jahre ein Kalb zur Welt. Zudem kann in Dürrejahren die Kälbersterblichkeit bis zu 50 Prozent betragen. Wenn alle diese Faktoren zusammenwirken, kann die Wachstumsrate einer Elefantenpopulation auf 2–3 Prozent oder sogar auf Null und darunter absinken. Es besteht also keine große Gefahr, daß die Elefanten sich „selber aus dem Haus fressen".

Martyn und ich machten uns große Sorgen um die EBs, als wir sahen, wie schlimm die Verhältnisse im Amboseli-Park waren. Gleich am nächsten Tag, dem 2. März, fuhren wir hinaus und suchten die zentralen Sümpfe ab. Wir fanden Echo und ihre Familie in den tieferen Teilen des Longinye-Sumpfs beim Fressen, genau wie die meisten anderen zentralen Familien. Der Frischwasserzustrom vom Kilimandscharo sorgt dafür, daß die Sümpfe niemals austrocknen, und es gibt dort auch in Dürrezeiten immer noch genügend Vegetation. Doch bei einer so starken Tierkonzentration in einem so kleinen Gebiet würde das Pflanzenwachstum mit den Bedürfnissen der vielen Grasfresser nicht lange Schritt halten können.

Elefanten sind zwar sehr groß und brauchen entsprechend größere Nahrungsmengen, aber sie haben den Vorteil, daß sie auch Gebiete und Vegetationen nutzen können, die für andere Spezies nicht zugänglich sind. Sie können in die tiefsten Sümpfe hineinwaten und sich von den rauhen Sumpfgräsern ernähren. Sie können Akazienäste abbrechen und die Zweige, Blätter und Rinden fressen, notfalls sogar den ganzen Ast. Sie können die starken Wedel der Phoenixpalmen herunterreißen und darauf herumkauen, bis sie die nahrhaften Säfte herausgesaugt haben. Die unverdaulichen Fasern spucken sie, zu einer sauberen Kugel geformt, wieder aus. Die größten Elefanten kommen sogar an Leckerbissen wie Datteln heran. In diesem März machten die Elefanten von allen diesen Nahrungsquellen Gebrauch, aber es reichte trotzdem nicht.

Echo und ihre Familie sahen nicht gerade verhungert, doch ziemlich dünn aus. Ihre Hüftknochen stachen mehr als sonst hervor, und die holprige Rückenlinie kam deutlicher zur Geltung. Die Kälber schienen einigermaßen fit zu sein, worüber wir sehr froh waren, denn Kälber sind während einer Dürreperiode der verletzlichste Teil einer Elefantenpopulation. Ely und Ellas Kalb Esau waren in einem besonders kritischen Alter. Ely war am 28. Februar ein Jahr alt geworden, während Ellas Kalb noch nicht einmal drei Monate alt war. Meine Aufzeichnungen über die Kälbersterblichkeit hatten gezeigt, daß Kälber bis zu einem Jahr die geringsten Chancen haben, eine Dürreperiode zu überleben. Neugeborene Kälber sind ganz und gar von der Milch ihrer Mütter abhängig. Das macht sie wahrscheinlich so verletzlich. Wenn die Mutter nicht genug Nahrung bekommt, produziert sie wahrscheinlich auch nicht genug Milch, oder die Milch ist nicht nährstoffreich genug. Ab vier Monaten muß ein Kalb seine tägliche Milchration durch pflanzliche Nahrung ergänzen, aber in diesem Alter kann es nicht viel mehr als Gras oder weiche Blätter aufnehmen. In einer Dürre findet es vielleicht nicht genug Nahrung, die es auch fressen kann. Mit über einem Jahr wird ein Kalb besser mit rauherer Nahrung fertig und ist deshalb weniger gefährdet.

Ob Esau und Ely diese Dürre überstehen würden, hing ganz wesentlich von Echo ab. Die Leitkuh einer Familie spielt auch in einem normalen oder guten Jahr eine wichtige Rolle. Aber in einer Dürreperiode kommt es allein auf ihr Wissen und ihre Erfahrung an, ob die Familie überlebt oder nicht. In den nächsten Tagen führte Echo ihre Familie jeden Morgen zum Longinye-Sumpf, wo sich die Tiere mit Schlamm und Wasser abkühlten, tranken und fraßen. Ely watete mit den anderen tief in den Sumpf hinein, riß die dünnsten Riedgräser ab und suchte sich Schlingpflanzen und andere weiche Vegetation. Er schlug sich gut für sein Alter. Er war ja in seinen Freß- und Trinkgewohnheiten schon immer sehr frühreif gewesen. Esau dagegen war noch nicht alt genug, um sich von Pflanzen zu ernähren, und es widerstrebte ihm sichtlich, den Tag im Sumpf zu verbringen. Der Sumpf war an vielen Stellen zu tief für ihn. Er mußte um die Pflanzeninseln herumschwimmen, um mit Ella mitzukommen.

Eines Morgens kamen die EBs bei ihrer Wanderung zum Sumpfrand an ein Steilufer, das zu einem offenen Wasserlauf mit üppiger, fließender Vegetation hinunterführte. Ella rutschte vorsichtig die Böschung hinunter und pflügte auf der Suche nach Freßbarem langsam durch Seerosenblätter und Schilfinseln hindurch, während Esau mit der Familie am Ufer zurückblieb. Nach und nach folgten ihr die anderen, nur zwei von Esaus „Babysittern" bleiben zurück. Plötzlich schien Esau zu merken, daß er mit seinen beiden Gefährtinnen allein war. Seine Mutter hatte sich inzwischen schon weiter flußabwärts bewegt und steckte bis über die Ohren in den Wasserpflanzen. Ich war ziemlich sicher, daß Esau sie nicht sehen konnte. Er lief am Ufer entlang und rief mit den tiefen, kehligen „Baby-in-Not"-Lauten nach seiner Mutter. Seine Pflegemütter folgten ihm, führten ihre Rüssel an seinen Mund, schlangen sie um seinen Körper und versuchten ihn zu sich herzuziehen, aber er war untröstlich. Immer weiter rufend, lief er stromaufwärts, gefolgt von seinen Pflegemüttern, und bald rannten alle drei wie verrückt am Ufer auf und ab.

Emma mit ihrem neuen Bruder Esau. Enid hatte Ely völlig mit Beschlag belegt und ließ die anderen Babysitter nur selten auf ihn aufpassen, aber als Esau geboren wurde, hatte Emma endlich ihr „eigenes" Kalb zum Bemuttern.
Rechts: Ein großer Bulle ist schon im Morgengrauen auf den Beinen und versucht an die schmackhaftesten Bissen heranzukommen.

Dann und wann blieb Esau stehen und lauschte, um bald wieder weiterzurennen. Schließlich mußte er etwas gehört haben (vermutlich ein Infraschall-Ruf, der unseren Ohren entging), denn er lief weiter flußabwärts und stolperte eilig die Böschung hinunter. Er tauchte ins Wasser ein und kämpfte sich, teils schwimmend, teils über Pflanzeninseln kletternd, zu seiner Mutter vor.

Die EBs wanderten in den nächsten zwei Wochen regelmäßig zum Longinye-Sumpf, wobei sie mehr oder weniger derselben Routine folgten. Wahrscheinlich grasten sie nachts nicht sehr viel, denn außerhalb der Sümpfe im östlichen Teil des Parks, wo sie offenbar die Nacht verbrachten, gab es praktisch nichts mehr. Wenn wir morgens kamen, ruhten sie meistens in einer großen *Consimilis*-Grasfläche nördlich des Longinye-Sumpfs. Normalerweise wachten sie am frühen Vormittag auf und wanderten zum Sumpf hinüber, bevor die schlimmste Hitze einsetzte. Ihre Wanderbewegungen waren vielleicht ebensosehr von den Massai und ihrem Vieh wie von der Hitze und Dürre beeinflußt. Solange die Wasserleitung repariert wurde, durften die Massai ihr Vieh zum Trinken in den Park treiben. Allerdings nur zum Trinken, danach mußten die Tiere den Park sofort wieder verlassen. Die Massai hielten sich auch im allgemeinen an diese Abmachung, zumindest in diesem Teil des Parks, das heißt, sie ließen ihre Rinder nicht zum Grasen an die Sumpfränder weiterwandern.

Die Gegenwart der Massai innerhalb und außerhalb des Parks ist eine zweischneidige Angelegenheit. Sie leben seit über 400 Jahren im Amboseli-Gebiet, und ohne sie gäbe es heute wahrscheinlich noch weniger Wildtiere. Ackerbauern können ihre Maisfelder schlecht mit Elefantenfamilien teilen, aber bei Viehnomaden wie den Massai ist eine Koexistenz durchaus möglich. Ihre Rinder-, Schaf- und Ziegenherden sind zwar Nahrungskonkurrenten für die Wildtiere, doch sonst leben sie in relativer Harmonie mit ihnen. Andererseits speeren und töten die Massai jedes Jahr eine Anzahl Elefanten. Da die Männer nur mit ihren Speeren bewaffnet sind und die Frauen oft ganz ohne Schutz im Busch herumlaufen, ist es begreiflich, daß sie gefährliche Tiere auf Distanz halten wollen. Ihr System scheint auch gut zu funktionieren, denn die Elefanten haben panische Angst vor den Massai. Kadzos Studie über die Beziehungen zwischen den Massai und den Elefanten hat gezeigt, daß besonders Kühe und Kälber sofort die Flucht ergreifen, wenn sie irgendwo in der Nähe Massai hören oder wittern. Sie hat festgestellt, daß Bullen aus bisher unerfindlichen Gründen viel weniger Angst vor den Massai haben.

Während die EBs sich im Longinye-Sumpf aufhielten, konnten wir oft genug beobachten, wie sehr sie die Massai fürchteten. Sobald irgendwo Kuhglocken ertönten, hoben sie den Rüssel und witterten in die Richtung, aus der das Geräusch kam. Wenn sie die Kuhglocken außerhalb des Sumpfs hörten, drängten sie sich sofort in Verteidigungsposition zusammen, meistens im Kreis oder Halbkreis, die Erwachsenen an vorderster Front, der Gefahr zugewandt, und die kleinsten Kälber unter und zwischen den Beinen der größeren Tiere versteckt. In solchen Augenblicken lernten wir das hochentwickelte soziale System der Elefanten und die lebenswichtige Bedeutung der engen Familienbande erst richtig schätzen.

Bis Mitte März waren die Verhältnisse katastrophal, und ich hatte großes Mitleid mit den Massai und ihren Tieren. Das Vieh bekam nur alle drei Tage Wasser zu trinken. Die Massai ließen ihre Rinder zwei Tage lang draußen auf den kärglichen Hügelkämmen grasen, wo es überhaupt kein Wasser gab. Dann trieben sie die Tiere zum Trinken den weiten Weg in den Park und anschließend wieder für zwei Tage in die Hügel zurück. Wenn die Rinder durch die ausgetrocknete Senke zum Wasser wanderten, sahen sie aus der Ferne wie lauter fellbehängte Skelette aus. Jeden Tag sahen wir Herde um Herde, in riesige Staubwolken gehüllt, hereinmarschieren. Die flirrende Hitze im alten Seebecken draußen verwandelte sie in gespenstische Urweltgestalten.

Viele Rinder gingen ein, ebenso andere Tiere. Die meisten Gnu-Kälber aus der 1991er-Schwemme hatten ein sehr kurzes Leben, vermutlich weil ihre Mütter nicht genug Milch produzierten. Auch erwachsene Gnus fielen der Dürre zum Opfer, genau wie zahlreiche Zebras mit ihren Fohlen und ein paar Büffel. Auf Hyänen und Geier wartete ein endloses Festmahl, aber die Hyänen zogen offenbar frisches Fleisch vor. Sie jagten viel, obwohl die geschwächten Gnus sich ungefähr so heftig zur Wehr setzten wie eine Holzattrappe. Leider wählten die Hyänen den Buckel vor unserem Camp-Eingang zu ihrem bevorzugten Freßplatz aus. Ich nannte ihn eine Zeitlang nur noch „Das Schlachtfeld“, aber als die Dürre noch schlimmer wurde und die Tiere reihenweise tot umfielen, avancierte er zum „Todesbuckel“. Es war ein schauriger Anblick, der sich uns

Folgende Doppelseite: Die Dürre geht weiter, und Mitte März sieht der Park trostlos kahl und vertrocknet aus.

jeden Morgen beim Hinausfahren bot. Das schrecklichste waren die Gnu-Babys, die nicht mehr stehen konnten, aber noch nicht tot waren und flach auf dem Boden lagen, von zehn oder mehr Geiern umringt. Ab und zu wagte sich einer vor und hieb seinen Schnabel in das unglückliche Kalb, das verzweifelt zappelte und um sich schlug, bis der Geier zurückwich. Wenn wir mittags zurückkamen, war das Kalb zum Glück tot, und oft war nicht mehr viel von ihm übrig.

Am 14. März verließen die EBs den Longinye-Sumpf und kehrten ins Ol Tukai Orok-Waldgebiet zurück. Ich hatte festgestellt, daß einige der Elefanten im Longinye-Sumpf Durchfall hatten, und fragte mich, ob die EBs instinktiv der Notwendigkeit gehorchten, ihren „Speiseplan" zu ändern. Nachdem sie zwei Wochen lang fast ausschließlich von Sumpfpflanzen gelebt hatten, steckten Echo und die anderen erwachsenen Weibchen jetzt praktisch den ganzen Tag mit dem Kopf tief in den Palmen. Für diese großen Tiere war es kein Problem, riesige Palmwedel herunterzureißen und zu kauen. Die älteren Kälber machten sich auch für kurze Zeit über die Palmen her, aber sie wurden offenbar schnell müde und fingen an, unter den Palmen nach versteckten Pflanzen zu suchen. Für die jüngeren Kälber war es am schwierigsten. Ely, Elspeth und Emma waren nicht stark genug, um ganze Palmwedel abzureißen. Sie hoben manchmal kleine Stücke auf, die ihre Mütter fallen ließen, und kauten darauf herum, doch ihre Zähne und Kiefer wurden offenbar mit den zähen, stachligen Fasern der Palmwedel nicht fertig. Sobald die Familie zu einem der kleinen Sümpfe im Ol Tukai Orok-Gebiet kam, stürzten die jüngeren Kälber schnurstracks hinein und machten sich über die weichen Sumpfpflanzen her.

Die kleinen Kälber waren auch im Nachteil, wenn die Erwachsenen und die älteren Kälber ihren Hunger mit den unterirdischen Wurzeln verschiedener Gräser zu stillen versuchten, die in der Gegend wuchsen. Es erforderte viel Geduld und Geschicklichkeit, diese Wurzeln auszugraben. Die Elefanten zogen und drehten mit dem Rüssel an der Wurzel herum, während sie gleichzeitig mit den Zehen eines Fußes die Erde aufwühlten und wegschleuderten. Wenn sie ein Grasbüschel samt den Wurzeln herausgerissen hatten, mußten sie zuerst den Staub und die Erde entfernen, indem sie es gegen ein Bein rieben oder mit Rüssel und Stoßzähnen zusammenquetschten und kräftig schüttelten. Nach dieser langwierigen Vorbehandlung steckten sie es schließlich in den Mund. Der ganze Vorgang konnte über eine Minute dauern. Es war eine Menge Arbeit für einen geringen Lohn, aber die Zeiten waren hart. Die kleinsten Kälber waren dafür natürlich noch nicht geschickt genug. Eines Tages schauten wir respektvoll zu, wie Elspeth kleine Grasbüschel bearbeitete und diese schwierige Freßtechnik zu lernen versuchte. Als Ely sah, daß sie Erfolg damit hatte, stellte er sich einfach unter ihr Kinn und hob alles auf, was sie fallen ließ, und manchmal faßte er sogar in ihren Mund und jagte ihr einen hart errungenen Bissen ab.

Gelegentlich griffen die Elefanten auch auf ungewöhnlichere Nahrung zurück. Am späten Nachmittag des 17. März kamen die EBs aus einem Waldstück, das ich „Mamba Glade“ nannte, weil ich dort einmal beinahe eine 2,4 m lange schwarze Mamba überfahren hätte. Die Familie bewegte sich langsam und apathisch auf die offene Pfanne zu. Sie wirkte vollkommen lustlos, ohne jede Energie für ihre üblichen Aktivitäten. Wir wurden schon vom bloßen Zuschauen müde. Plötzlich riß sich Esau von seiner Mutter los, machte eine Kehrtwendung und marschierte zielstrebig nach Süden. Nach ungefähr 20 Metern traf er auf Enid, die er kurz begrüßte, indem er ihr den Rüssel in den Mund steckte, aber dann lief er sofort weiter. Bald sah ich, daß er auf einen frischen, dampfenden Dunghaufen zusteuerte, den Eudora vor ein paar Minuten hinterlassen hatte. Er kniete sich hin, steckte seinen Mund hinein und fing zu fressen an. Emma, Enid und Ewan waren ihm gefolgt. Emma fraß ebenfalls von dem Kot, aber sie stellte sich gesitteter an und benützte ihren Rüssel dabei. Enid und Ewan beschnüffelten den Haufen nur und beteiligten sich nicht an der Mahlzeit.

Ich hatte schon früher beobachtet, daß sowohl Jungtiere als auch Erwachsene manchmal den Kot anderer Elefanten fressen. Ganz kleine Kälber fressen in den ersten Wochen den Dung ihrer Mutter, vermutlich, um ihre Darmflora aufzubauen. Ältere Tiere fressen normalerweise keinen Kot, aber ab und zu gerät auch ein Erwachsener in Versuchung. Ich vermute, daß so etwas hauptsächlich dann passiert, wenn ein anderer Elefant einen seltenen Leckerbissen verspeist hat. Da Elefanten ihre Nahrung nur teilweise verdauen, taucht unter Umständen ein immer noch appetitlicher Rest des fraglichen Leckerbissens im Kot auf. In einer Dürre kann vorverdaute Planzennahrung für kleine Kälber ein guter Zusatz zu ihren kärglichen Rationen sein. Was auch immer der tiefere Grund sein mochte, Esau und Emma schienen ihre Mahlzeit zu genießen.

Nachdem sie sich ein paar Tage lang im Ol Tukai Orok-Gebiet von Palmwedeln und Graswurzeln ernährt hatten, fanden die EBs eine Stelle, die andere Tiere offenbar übersehen hatten. Es war eine ungefähr 2 ha große, grasbewachsene Insel im Enkongo

Narok-Sumpf. Das Gras war zwar trocken und gelb, aber immer noch relativ hoch. Die Insel verdankte ihre Entstehung einem tiefen, schnellfließenden Wasserlauf, der eigentlich mehr ein Fluß als ein bloßer Sumpfabschnitt war. Die Flußufer waren ziemlich steil, was vielleicht die Gnus und Zebras daran gehindert hatte, zur Insel hinüberzuschwimmen und das Gras abzufressen. Und andere Elefanten mieden die Insel vielleicht deshalb, weil sie direkt gegenüber der Parkgrenze auf der westlichen Seite des Sumpfs lag, wo die Massai ihre Rinder trinken und grasen ließen. Echo war offenbar bereit, die potentielle Gefahr in Kauf zu nehmen, und führte ihre Familie mehrere Tage hintereinander hinüber. Am Abend verließen sie die Insel und wanderten in ihr nächtliches Freß- und Schlafgebiet im Süden. Morgens kamen sie in aller Frühe zu ihrem unverhofften Eldorado zurück.

Wir konnten nicht auf die Insel hinüberkommen und parkten den Landrover am Flußufer. Von dort aus beobachteten wir die EBs und erhielten eines Tages den bisher

Vorsichtig watet ein Kalb in den Sumpf hinein, um seinen Hunger an der rauhen und nicht besonders schmackhaften und nährstoffreichen Sumpfvegetation zu stillen, aber in einer Dürre darf man nicht wählerisch sein …

Jungtiere trennen sich manchmal von der Familie und grasen in den kleinen Tümpeln im Waldgebiet, wo die Vegetation weicher und leichter verdaulich ist.

deutlichsten Beweis für Echos unbestrittene Führerrolle. Die Familie hatte sich in alle Richtungen über die Insel verteilt. Echo und ein paar ihrer Kälber drifteten auf den Fluß zu, aber plötzlich hörte Echo zu fressen auf, klappte kurz mit den Ohren und gab einen tiefen, kehligen Laut von sich, den ich als ihr „Auf geht's"-Signal erkannte. Der Ruf brachte die anderen Familienmitglieder zwar nicht sofort auf Trab – wahrscheinlich hatten sie einfach nicht die Kraft dazu –, aber sie tröpfelten langsam auf Echo und den Fluß zu, einige immer noch fressend, andere etwas zielstrebiger ausschreitend. Sobald alle im Anmarsch waren, steuerte Echo auf das Flußufer zu. Bis sie dort angekommen war, hatten einige sie bereits überholt und sich an der Böschung hinuntergelassen. Für dieses Manöver mußten die Elefanten zuerst einen Schritt nach unten machen, das heißt, Vorderfuß vor Vorderfuß setzen, dann ungefähr einen Meter hinunterrutschen und sich schließlich auf die Hinterbeine knien, bevor sie ihre Vorderfüße einen nach dem anderen wieder auf den Hang setzen. Trotz ihrer guten Koordinationsfähigkeit müssen Elefanten sehr vorsichtig sein, denn ein Sturz hätte für so schwere Tiere verheerende Folgen.

Als alle heil unten angekommen waren, überquerten sie in gemächlichem Tempo den Fluß, während sie ab und zu ein paar Pflanzenteile verspeisten und vielleicht auch nur das kalte, reißende Wasser genossen. Um auf das gegenüberliegende Ufer zu kommen, mußten sie die Prozedur umgekehrt abwickeln, diesmal auf den Vorderfüßen kniend. Oben hielten sie an, um sich einzustauben, und dann führte Echo sie weg. Sie zog jetzt nach Norden über eine Ebene, wurde aber bald von Ely aufgehalten, der trinken wollte. In typischer Elefantenmutter-Weise stand sie geduldig da, während Ely nach einer Zitze schnappte und geräuschvoll saugte. Die anderen gingen ungefähr 20 Meter weiter und blieben dann ebenfalls stehen. Aber sie standen nicht nur einfach da oder ruhten sich auf der Ebene aus, sondern sie warteten.

Wie so vieles im Verhalten der Elefanten äußerte sich diese Tatsache in sehr subtiler Weise. Alle erwachsenen Weibchen hatten den Kopf leicht zurückgewandt, vermutlich um Echo im Auge zu behalten. Sie ließen ihren Rüssel hin und her pendeln, und Ella schwenkte einen Fuß vor und zurück, was bei Elefanten ein klassisches Zeichen für Unentschlossenheit ist. Nach fünf Minuten gesellte sich Echo zu ihnen und begrüßte sie mit tiefem Rumpeln. Dann gab sie wieder ihr „Auf geht's!"-Signal, drängte sich durch die Gruppe nach vorne und wandte sich nach Nordwesten. Sie führte ihre Familie über die heiße, offene Ebene, bis sie an einen Arm des Enkongo-Sumpfs kamen, an dem wir noch nie mit der Familie gewesen waren. Es gab einiges Zögern. Offenbar waren Echo und Ella sich nicht ganz einig, wie es weitergehen sollte. Ella marschierte jedenfalls in die eine Richtung davon, und nach einigem Grummeln und Hin und Her kehrte sie wieder zu Echo um. Dann wateten alle in den Sumpf und fingen zu fressen an.

Wie so oft, fragte ich mich, was wohl bei alledem in den Köpfen der Elefanten vorging. Vieles an ihren Handlungen erschien mir ziemlich rätselhaft. Was zum Beispiel hatte Echos plötzlicher Aufbruch zu bedeuten? Warum hatte sie die Insel mitten am Tag verlassen? Und was wollte Ella tun? Wodurch wurde ihr Verhalten beeinflußt? Wenn die Familie die Dürre überstehen würde, dann nur dank Echos Führung. Aber wie wirkten sich die Erinnerungen und Erfahrungen der Leitkuh auf ihre Entscheidungen und ihr Verhalten aus? Ich konnte mich nur wundern und Vermutungen anstellen.

Ungefähr ab der dritten Märzwoche zogen am Nachmittag Wolken auf. Es waren „Marsch-Wolken“, die den nahen Regen ankündigten. In ganzen Marschtrupps und Schwadronen drängten sie vom Osten herein. Doch waren sie noch nicht niedrig und schwarz genug, um Feuchtigkeit zu produzieren. Mit all den hungrigen Tieren und Kadavern um uns herum war es kein Wunder, daß die Wolken und die Hoffnung auf Regen bei Martyn und mir zur fixen Idee wurden. Am Nachmittag des 24. färbte sich der ganze Himmel im Osten schwarz, doch im Amboseli-Becken schien weiterhin die Sonne. Dieser Kontrast brachte faszinierend schöne Bilder hervor; vor dem schiefergrauen Hintergrund glühten und schimmerten die Tiere geradezu in der Sonne. Der Regen war zum Greifen nahe, aber heiße Aufwinde aus den offenen Senken trieben ihn davon.

Am nächsten Morgen war es sehr heiß und still, und gegen Mittag fühlten wir uns bleischwer und träge. Am Nachmittag wurde der Himmel wieder schwarz. Diesmal kam die Wolkenwand trotz der Luftströmungen immer näher, bis sie schließlich ihr lebensspendendes Naß über den Amboseli-Park ausschüttete. Wir bekamen 43,5 mm Regen in weniger als einer Stunde. Sobald die ersten Regentropfen fielen und ganze Staubwolken in die Luft jagten, änderte sich die Atmosphäre. Unsere Köpfe wurden wieder klar, und die wochenlange Anspannung, die die extrem trockene Luft erzeugt hatte, war wie weggeblasen.

Am folgenden Tag, dem 26. März, flog ich nach Nairobi. Als das Flugzeug nach Norden abdrehte, sah ich ganze Scharen von Gnus und Zebras aus dem Park hinausziehen, um ihr Futter in Gegenden ohne ganzjährige Wasserstellen zu suchen, in denen sie während der Dürre nicht grasen konnten. Der ganze Park war von Wassertümpeln durchzogen, die wie Dutzende von Spiegeln in der Sonne funkelten. In atemberaubend kurzer Zeit würde die braune Erde unter mir samtig grün werden, und die afrikanische Savanne würde wieder aufblühen.

DIE LANGEN REGEN

Ende März bis Juni 1991

Ende März und April

Nach dem Sturm vom 25. März hielt ich sozusagen meine Finger gekreuzt, daß es tatsächlich der Beginn der langen Regen sein möge. Und ich war hocherfreut, als ich ein paar Tage später hörte, daß am 29. März ein gewaltiges, nahezu rekordverdächtiges Unwetter über dem Amboseli-Park niedergegangen war. In weniger als drei Stunden hatte der Park 88,5 mm Regen abbekommen. Natürlich schaffen solche Wassermengen auch Probleme, aber in einem Trockengebiet jammert man nicht wegen einer Überschwemmung, weil man sonst womöglich die „Regengötter" beleidigt.

Der Fortpflanzungsstopp während der Dürre bedeutete, daß Martyn und ich noch immer keine Gelegenheit gefunden hatten, das Östrus-, Musth- und Paarungsverhalten der Elefanten und alle damit zusammenhängenden Aktivitäten zu filmen. Es würde noch eine ganze Weile dauern, bis die Vegetation nach den Regenfällen wieder aufblühte, und noch viel länger, bis die Elefanten wieder in reproduktionsfähiger Verfassung sein würden. Offenbar hörte bei den Weibchen – und vermutlich auch bei den Männchen – der sexuelle Zyklus auf, wenn ihre Fettreserven unter eine bestimmte Schwelle sanken. Mit dem verbesserten Nahrungsangebot würden sie allmählich Gewicht zulegen und ihre Fettreserven neu aufbauen. Deshalb beschlossen Martyn und ich, erst Ende Mai wieder mit unserer Arbeit anzufangen, wenn der Park und die Tiere sich erholt haben würden.

Im Amboseli-Park kann man Elefanten noch in all ihrer Majestät bewundern: die Könige und Königinnen der Savannen.

Am 4. April kehrte ich für kurze Zeit nach Amboseli zurück, und beim Anflug traute ich meinen Augen kaum. So viel stehendes Wasser hatte ich seit den schweren Regenfällen von 1978 nicht mehr im Park gesehen! Der Amboseli-See hatte sich tatsächlich in einen See verwandelt, dessen Wasserspiegel 5 km weit von Norden nach Süden und 7–8 km von Osten nach Westen reichte. Eine sonst völlig trockene Pfanne im Zentrum des Parks war jetzt ebenfalls ein riesiger See. Als ich mir den Segen dann vom Boden aus anschaute, fand ich neue Flüsse an unerwarteten Orten, und viele Straßen waren vollkommen überschwemmt. Ich kam kaum bis zum Camp durch und machte mir ernsthaft Sorgen, ob wir überhaupt dableiben konnten, wenn das Wasser noch höher stieg.

Trotzdem fuhr ich noch am selben Nachmittag in den Park hinaus, das heißt, so weit ich eben vorankam. Aber es waren anscheinend auch nicht viele Elefantengruppen in der Gegend. Doch am Nachmittag des 5. April sah ich eine Gruppe von 15 Elefanten in die Baumgruppe südlich des Camps kommen. Ich nahm mein Fernglas zu Hilfe. Zu meiner großen Freude entdeckte ich, daß es Echo mit ihrer Familie war, allerdings leider immer noch ohne Emo. Die Haut der Tiere hatte einen rötlichen Farbton, und sie kamen mir sehr wachsam und ein bißchen aufgeregt oder irgendwie stimuliert vor. Sie klappten mit den Ohren; die meisten von ihnen sonderten Flüssigkeit aus ihren Schläfendrüsen ab. Vermutlich hatte sie der Wandertrieb gepackt. Ihre Hautfärbung deutete darauf hin, daß sie oben auf den roten Böden südlich oder östlich des Parks gewesen waren. Sie fraßen ein bißchen, dann zogen sie nach Südosten davon.

Ich kehrte bald darauf nach Nairobi zurück und flog für einen Monat in die Vereinigten Staaten und nach Kanada, um Verwandte und Freunde zu besuchen. Ich hatte ziemliche Gewissensbisse, daß ich Kadzo, Norah und Soilah allein im Camp zurückließ, das jeden Augenblick überschwemmt werden konnte. Aber zum Glück gab es keine schweren Stürme mehr, obwohl es weiter regnete, und so blieben meine Mitarbeiterinnen und das Camp mehr oder weniger im Trockenen.

Mai und Juni

Am 22. Mai, acht Wochen nach den ersten Regenfällen, fuhren Martyn und ich von Nairobi nach Amboseli. Wir durchquerten die Athi-Kapiti-Ebenen, die so grün wie eine irische Wiese waren, rollten durch die sanften Hügel des Kajiado-Distrikts, wo die Massai-Rinder weideten, fett und rund und glänzend, bis wir die Stadt Namanga im Schatten des wuchtigen Ol Donyo Orok, des „schwarzen Bergs“, erreichten. Dann fuhren wir in den Amboseli-Park hinein, wo wir an den Ilaingurunyeni-Hügeln vorbeikamen, bevor wir den Rand des Seebeckens erreichten. Es war immer noch voller Wasser, das in der Sonne glitzerte und einen auf dem Kopf stehenden Kilimandscharo widerspiegelte. Jeder Busch im Park war dicht belaubt, und das Gras war über 30 cm hoch. Es waren keine Gnus oder Zebras in Sicht, vermutlich grasten sie noch in den nahrhafteren Weidegründen außerhalb des Beckens.

Wir kämpften uns durch einen Straßenabschnitt, der sich in einen Fluß verwandelt hatte, und als wir das Camp erreichten, entdeckten wir, daß ein neuer Eingang in die Palmen gehauen worden war, denn die alte Einfahrt lag unter Wasser. Das Camp lag gerade hoch genug, um vor den umliegenden „Seen“ in Sicherheit zu sein. Es sah sehr schön aus. Peter, der Camp-Manager, und seine Helferin Wambua hatten alles in bester Ordnung gehalten – das Gras war so säuberlich geschnitten, daß es wie ein Golfrasen aussah. Es war schön, wieder hier zu sein.

Kurz nach unserer Ankunft kamen Norah und Soilah herüber, um uns den neuesten Elefantentratsch zu erzählen. Eine ganze Reihe von Elefantinnen war in den Östrus gekommen, einige Bullen waren in der Musth, und 17 Kühe hatten Nachwuchs bekommen. M22 war nicht in die Musth gekommen, was mich nicht überraschte. Außerhalb seiner üblichen Zeit von Januar bis April hätte er mit anderen ranghohen Bullen konkurrieren müssen. Also hatte er stattdessen einfach ein Jahr übersprungen. Unter den Musth-Bullen waren M13 (Iain), der größte von allen, und Patrick (M45), der viertgrößte, außerdem M5, Masaku und Ed. Über Mangel an Fortpflanzungsaktivitäten würden wir uns also vermutlich nicht beklagen können.

Kurz vor Sonnenuntergang drehten wir noch eine kleine Runde, und überraschenderweise stießen wir sofort auf die EBs. Echo und ihre Familie hielten sich in der Nähe des Camps an den östlichen Rändern des Ol Tukai Orok auf, einige draußen auf der Ebene,

Als der Regen endlich kam, waren die Elefanten wie umgewandelt und stellten bei jeder Gelegenheit ihre gute Kondition zur Schau: Zwei Kälber vergnügen sich mit einem Stock, und da kein passender Spielgefährte zur Hand ist, erfindet Esau sein eigenes Spiel.

Eine Elefantin und ihre zwei Kälber grasen am Rand des Longinye-Sumpfs. Der Regen hat frisches, neues Gras hervorgebracht, so daß Erwachsene wie Kälber ausreichend Nahrung finden.

andere in den Palmen drin. Aus dem Wald drang das Geräusch spielender Kälber, die laut trompetend durch die Palmen tobten. Wir fuhren hinauf und parkten in Echos Nähe an. Sie hielt einen alten Palmwedel im Rüssel und schwenkte ihn vor und zurück. Ich war entzückt, Echo in Spiellaune anzutreffen. Sobald sie unseren Wagen erspähte, kam sie mit listig funkelnden Augen herüber, senkte den Kopf, als ob sie uns angreifen wollte, und gab einen tiefen, näselnden Ton von sich, das typische „Spiel-Trompeten". Es war wunderbar, die große, stattliche Echo beim „Herumblödeln" zu erleben. Sie inszenierte noch einen Scheinangriff, dann drehte sie sich um und marschierte in einer übermütig-verspielten Gangart davon. Nichts hätte uns deutlicher zeigen können, daß sie vollkommen entspannt und in Bestform war.

Spielverhalten bei ausgewachsenen Tieren ist ein faszinierendes Phänomen. Das Thema wurde viel von den Verhaltensforschern diskutiert, ohne daß sie dabei zu einem endgültigen Ergebnis gekommen wären. Der Spieltrieb ist im allgemeinen auf die Jungtiere einer Spezies beschränkt. Man nimmt an, daß er hauptsächlich dazu dient, bestimmte Erwachsenen-Fähigkeiten einzuüben. Kleine Kätzchen machen zum Beispiel Entwicklungsphasen durch, in denen sie spielerisch mit ihren Geschwistern kämpfen, einander herumjagen und sich gegenseitig belauern, bis sie sich schließlich auf die „Beute" stürzen. Auch Elefanten-Babys lernen für das Erwachsenenalter, wenn sie Kopf an Kopf miteinander kämpfen oder sich herumjagen und aufeinander draufklettern. Aber trotzdem erklärt das nicht die Bedeutung des Spiels bei ausgewachsenen Tieren, die alle nötigen Fähigkeiten bereits gelernt haben. Vielleicht kann man sagen, daß das Spiel den Zusammenhalt zwischen einzelnen Individuen in einem Sozialverband stärkt und aufrechterhält. Erwachsenenspiele kommen tatsächlich häufiger bei geselligen Spezies wie Löwen und Tümmlern vor. Oder aber das Spiel ist ein Mittel, überschüssige Energien abzureagieren. Elefanten spielen nur, wenn es ihnen „gutgeht", das heißt, wenn sie gut ernährt sind. Vielleicht spielen beide Faktoren eine Rolle, zusammen mit einer aktiven, komplexen Intelligenz.

Es war eine Freude, den Park und die Elefanten in so gutem Zustand anzutreffen, und so brachen wir am nächsten Morgen in aller Frühe auf. Wir stießen bald auf eine große, lockere Versammlung von ungefähr 150 Elefanten, die von Süden her durch das *Acacia tortilis*-Wäldchen kamen und sich draußen auf der offenen Grassavanne im Süden der Serena Road verteilten. Ungefähr ein Dutzend Familien waren dabei, einschließlich der EBs, und zahlreiche Bullen jeglichen Alters. Nicht nur der Park, auch die Elefanten waren verwandelt – von den knochigen, langsamen, apathischen Tieren der Dürremonate war nichts mehr zu sehen, jetzt waren sie alle wohlgerundet, beinahe übermütig, und ihr Gang war kraftvoll und energiegeladen. Wie immer in einer so großen Herde ging es sehr „gesellig" zu. Weibliche Tiere begrüßten einander, junge Bullen trugen Scheinkämpfe aus, Kälber spielten, und erwachsene Bullen beschnüffelten die Weibchen, entweder ganz unverhohlen oder klammheimlich, je nach Größe und Ranghöhe des jeweiligen „Bewerbers". Es stellte sich bald heraus, daß ein oder zwei „interessante" Weibchen in der Herde waren, denn die meisten Bullen hatten sich in ihre Nähe gedrängt. Eines von diesen Weibchen war Eudora, die sich ein bißchen zierte und schnell davonlief, wenn einer der Bullen sich ihr näherte. Als sie stehenblieb und harnte, schlenderte der größte anwesende Bulle, M5, zu der Pfütze auf dem Boden hinüber. Er schnüffelte zuerst daran, dann steckte er die Rüsselspitze ins Maul, wo sich eine Drüse befindet, mit der er den Hormongehalt im Harn eines Weibchens prüfen kann. Eudora schien ihn nicht wirklich zu reizen, denn er machte keine Anstalten, sie zu verfolgen. Das andere Weibchen, das ein paar typische Östrus-Merkmale zeigte, war Odette aus der EA-Familie. Sie wurde von einigen jüngeren Bullen verfolgt, allerdings nicht sehr hartnäckig.

Nachdem er Eudora getestet und für uninteressant befunden hatte, ging M5 auf Odette zu. Aber plötzlich drehte er sich um, hob den Rüssel und witterte in Richtung Akazienwald. Wir schauten ebenfalls in diese Richtung und wußten jetzt, daß es bald Bewegung geben würde. Aus dem Akazienwäldchen kam ein wuchtiger Bulle heraus. Selbst aus 100 m Entfernung konnte ich sehen, daß er in der Musth war. Er trug den Kopf hoch, mit eingezogenem Kinn, und seine Ohren waren teilweise abgespreizt. Er schlenderte auf die offene Ebene hinaus, und der Eindruck von Größe, Kraft und Selbstsicherheit, der von ihm ausging, war überwältigend. Als er näher kam, konnten wir auch die eindeutigeren Merkmale der Musth erkennen: Die Schläfendrüsen des Bullen über und hinter den Augen waren stark geschwollen, und an seinen Backen lief eine dicke, zähe Flüssigkeit herunter; er verströmte pausenlos Urin, der beim Gehen eine Spur hinterließ, die Innenseiten seiner Beine feucht machte und seine Penisvorhaut grünlich-weiß färbte. Als er mit dem Wind im Rücken auf uns zukam, warf uns der Geruch beinahe um. Es war ein beißender, scharfer, moschusartiger Geruch, für den ich mittlerweile eine Schwäche habe. Der Bulle war Patrick, in voller, glorreicher Musth. Obwohl ich oft genug Musth-

Bullen erlebt habe, bin ich immer wieder von dieser „Dr. Jekyll und Mr. Hyde-Verwandlung“ überwältigt und eingeschüchtert. Wir hatten Patrick das letztemal gesehen, als er mit einem Gefährten zusammen friedlich in seinem Bullengebiet gegrast hatte. Damals war er ein ruhiges, ziemlich ortsbeständiges Tier gewesen, das sich nur fürs Fressen interessierte und für sonst gar nichts. Jetzt hatten wir einen großspurigen Macho-Bullen vor uns. Die jüngeren Bullen gingen ihm diskret aus dem Weg und fingen angelegentlich zu grasen an, wobei sie den Weibchen den Rücken kehrten und völliges Desinteresse heuchelten. Patrick brauchte sich nur zu M5, seinem einzigen potentiellen Rivalen, umzuwenden und ein seltsames, tiefes, kehliges Grummeln von sich zu geben, und schon ergriff M5 die Flucht.

Nachdem er sich M5 vom Hals geschafft hatte, wandte Patrick seine Aufmerksamkeit uns zu. Er kam geradewegs zu unserem Fahrzeug herüber, hielt an und baute sich drohend vor uns auf, dann senkte er plötzlich den Kopf und griff an. Ich knallte meine Faust gegen die Tür, um ihn zu erschrecken. Er blieb stehen. Ich startete den Motor und fuhr mit puddingweichen Knien und wildem Herzklopfen ein Stück weit zurück. Dem kreidebleichen Martyn erklärte ich, daß Musth-Bullen völlig unberechenbar seien. Einige von ihnen zeigten sich ziemlich tolerant, wie zum Beispiel M22, während andere meinen Landrover offenbar als Rivalen betrachteten oder zumindest als einen lästigen Eindringling. Meine Kollegin Joyce hat herausgefunden, daß Bullen während der Musth einen viermal höheren Testosteron-Spiegel haben als sonst. Das Sexualhormon Testosteron ist bei vielen Säugetieren, einschließlich des Menschen, mit aggressivem Verhalten gekoppelt.

Nachdem Patrick auch uns verscheucht hatte, kümmerte er sich endlich um die Weibchen. Er fing mit der Familie an, die uns am nächsten war, nämlich mit den EBs. Er näherte sich den Kühen in einer Gangart, die ich als „lässig“ bezeichnen würde, während er den Kopf leicht gesenkt hielt und seinen Rüssel über einen Stoßzahn drapierte. Vermutlich soll diese Haltung zum Ausdruck bringen, daß keine Aggression beabsichtigt

Rechte Seite: Patrick, hier in voller Musth, greift den Landrover an. Musth-Bullen sind vollgepumpt mit dem Sexualhormon Testosteron und können sehr aggressiv und unberechenbar sein.

ist. Patricks Auftritt sorgte für einige Aufregung in der Familie. Sobald sie ihn witterten, hoben Echo, Ella und Erin ihre Köpfe und stimmten den „Weibchenchor“ an, eine spezielle Lautäußerung, mit der Kühe Musth-Bullen begrüßen. Sie streckten ihren Rüssel nach seinen Schläfendrüsen und seinem Penis aus, klappten mit den Ohren und kollerten. Ein paar von ihnen harnten, einschließlich der neunjährigen Enid, die ganz besonders erregt zu sein schien. Nachdem sie sich im Kreis herumgedreht und uriniert hatte, blieb sie mit weit offenem Maul stehen und brüllte laut. Eudora dagegen blieb mißtrauisch und beobachtete ihn über die Schulter. Patrick ging der Reihe nach zu Enid, Erin und Ella und untersuchte gründlich ihren Urin. Echo und Eudora hatten nicht geharnt. Er ging zu Echo hinüber, streckte den Rüssel nach ihrer Vulva aus, berührte sie sanft und schnüffelte daran herum, dann ging er zu Eudora weiter. Sie lief zuerst weg, aber dann überlegte sie es sich anders und blieb stehen. Er rieb seinen Kopf an ihrem Hinterteil und schubste sie, bis sie ein bißchen urinierte. Er untersuchte ihren Harn deutlich länger und ausführlicher als den der anderen Weibchen. Er beschnüffelte ihn, steckte seinen Rüssel in den Mund und schloß dabei die Augen wie ein Weinkenner. Dann streckte er seinen Rüssel wieder in die Pfütze und machte eine zweite Geschmacksprobe. Schließlich spazierte er davon, nachdem er sich offenbar davon überzeugt hatte, daß Eudora noch nicht „reif“ war.

Patrick ging von Gruppe zu Gruppe, bis er alle Kühe zwischen neun und 60 getestet hatte. Keine davon konnte sein Interesse erregen, und er wanderte in Richtung Longinye-Sumpf weiter. Wir folgten ihm in respektvollem Abstand, während er hocherhobenen Hauptes und mit tröpfelndem Penis und strömenden Schläfendrüsen ausschritt. Plötzlich blieb er stehen und schnüffelte am Boden herum. Wir konnten auf dem kahlen Fleck, den er untersuchte, nichts entdecken, aber er wurde sichtlich angespannter und wachsamer. Außerdem urinierte er jetzt viel stärker; statt tröpfchenweise wie aus einem undichten Wasserhahn floß nun der Urin in einem beständigen Strahl an ihm herunter. Er marschierte wieder los, diesmal erheblich schneller und mit langen, zielstrebigen Schritten. Er überquerte die Hauptstraße des Parks, ohne sich im mindesten um die Fahrzeuge zu kümmern, und ging weiter, offensichtlich in eine ganz bestimmte Richtung. Er schien einer Duftspur zu folgen. Etwa alle hundert Meter blieb er stehen und schnüffelte auf der Erde herum, und beim Gehen hielt er den Rüssel dicht am Boden und bewegte ihn suchend hin und her. Als er sich den Rändern des Longinye-Sumpfs näherte, wo das Gras ziemlich hoch war, wurde es schwieriger für ihn, die Spur zu halten, aber immer wenn er ins Stocken kam, suchte er solange herum, bis er die Spur wieder fand. Dann ging er weiter.

Wir fuhren jetzt voraus, um zu erkunden, was Patrick in diese Richtung trieb, und entdeckten einen einsamen Bullen, der im Sumpf graste. Es war Lexi, ein Bulle mit nur einem Stoßzahn, ungefähr acht Jahre jünger als Patrick. Normalerweise würde es keine Rivalitätskämpfe zwischen diesen beiden Bullen geben, aber Lexi war auch in der Musth, wie wir an den Schläfendrüsensekreten sehen konnten, die ihm seitlich übers Gesicht liefen, und ich wußte nicht, wie er auf den älteren Bullen reagieren würde. Patrick näherte sich von Süden her, während der Wind aus dem Osten kam und Lexi nach Norden schaute. Er merkte offensichtlich nicht, daß Patrick direkt auf ihn zusteuerte. Patrick kam immer näher. Ich bekam allmählich Angst um Lexi. Er steckte ungefähr einen Meter tief in Schlamm und Wasser, und das war ziemlich hinderlich, falls er es vorzog, die Flucht zu ergreifen. Als Patrick auf den ahnungslosen Bullen zustürzte, hielt ich den Atem an. Lexi wirbelte herum und stellte sich Patrick einen Augenblick mit abgespreizten und drohend gefalteten Ohren entgegen. Aber dann überlegte er es sich anders und pflügte aus dem Sumpf heraus, so schnell er nur konnte. Er manövrierte sich geschickt an Patrick vorbei, und sobald er auf offener Strecke war, rannte er los. Patrick jagte hinterher, aber er gab es bald auf. Er hatte ja über seinen Rivalen triumphiert. Lexi rannte immer noch, als er einen Kilometer weit weg hinter dem Horizont verschwand.

Ein Bulle muß nicht in der Musth sein, um Sperma zu produzieren, Kühe zu begatten und Kälber zu zeugen, aber die Musth scheint ihm ungeheure Dominanzvorteile zu bringen. Welche Rolle die Musth nun wirklich spielt, ist bei Elefantenforschern sehr umstritten, aber man ist sich zumindest darin einig, daß sie hauptsächlich „Propaganda“-Zwecken dient. Nur Bullen in guter Verfassung kommen in die Musth und signalisieren damit den Weibchen und den anderen Bullen, daß sie gesund und stark sind und vollgepumpt mit aggressiven Hormonen, die sie vor keinem Konflikt zurückschrecken

Folgende Doppelseite: Während und nach den Regenfällen bilden Elefanten große Herden, in denen sich wichtige soziale Ereignisse abspielen, wie zum Bespiel Partnersuche und Paarungsrituale.

lassen, notfalls auch nicht vor einem tödlichen Kampf, um ihr Paarungsziel zu erreichen. Musth-Bullen dominieren immer über Bullen, die nicht in der Musth sind, selbst wenn die letzteren größer und stärker sind. So können die Dominanzverhältnisse je nach dem Musth-Status der Bullen variieren. Wenn mehrere Bullen gleichzeitig in der Musth sind, werden die jüngeren normalerweise den älteren das Feld überlassen. M2 war in der Musth, als wir ihn mit Eudora antrafen, aber sobald er Patrick witterte, hörte er auf, Urin zu vertröpfeln und Schläfendrüsensekrete abzusondern. Um den ranghöheren Musth-Bullen nicht zu provozieren, schaltete er seine Signale ab, solange er sich in seiner Nähe aufhielt.

Während ein Musth-Bulle seinen Zustand „herumposaunt", sendet ein Weibchen im Östrus eine Botschaft an die Männchen aus, daß sie verfügbar ist. Eine solche Kommunikation ist lebenswichtig, denn männliche und weibliche Elefanten leben in getrennten Sphären. Da sie sich zudem in verschiedenen Gebieten und verschiedenen sozialen Gruppierungen bewegen, könnte es schwierig für sie werden, einen Paarungspartner zu finden. Der Amboseli-Park ist nicht sehr groß, und die Elefanten konzentrieren sich vorzugsweise um die Sümpfe herum, aber in weniger dicht besiedelten Lebensräumen, in denen die Elefanten sich über größere Entfernungen verteilen, könnte es ernsthafte Probleme geben.

Eine Elefantenkuh ist im allgemeinen ungefähr 5 bis 6 Tage im Östrus. Ihre fruchtbarste Zeit erreicht sie unmittelbar nach dem Eisprung, nach meinem Dafürhalten am dritten oder vierten Tag der Östrusperiode. Das biologische Ziel eines Weibchens während der Östrusperiode besteht darin, sich mit dem „besten" verfügbaren Männchen zu paaren, das heißt, mit dem Bullen, der die günstigsten Eigenschaften an seinen Nachkommen weitergibt und damit wiederum den Fortpflanzungserfolg dieses Nachkommen sichert. Solche Eigenschaften sind zum Beispiel eine gesunde, robuste Konstitution, aber auch Körpergröße und Stoßzahngröße.

Für Bullen hingegen zählt nicht die Qualität, sondern die Quantität. Ihr Ziel besteht darin, so viele Weibchen wie nur möglich zu begatten und möglichst viele Kälber zu zeugen. Die Musth ist nichts anderes als die etwas ungewöhnliche Strategie der Elefantenbullen, um dieses Ziel zu erreichen. Da weibliche Elefanten zu jeder Jahreszeit in den Östrus kommen können, leuchtet es zunächst nicht ein, warum die Bullen den Weibchen nicht das ganze Jahr über nachstellen. Das Problem ist wahrscheinlich die ungeheure

Körpergröße, denn für einen Bullen ist es praktisch unmöglich, ausreichende Nahrungsmengen aufzunehmen, wenn er gleichzeitig das ganze Jahr über um die Weibchen konkurrieren muß. Stattdessen verbringt ein Bulle nur drei oder vier Monate im Jahr damit, brünstige Weibchen aufzuspüren; er paart sich mit allen, die er finden kann, bewacht sie und kämpft mit anderen Bullen, um seinen Status zu verteidigen oder einen höheren zu erreichen. Das ist sehr anstrengend, und es bleibt ihm wenig Zeit zum Grasen oder Ausruhen. Mit der Zeit läßt die Kondition des Bullen nach, bis er schließlich aus der Musth kommt. Je älter und ranghöher ein Bulle ist, desto länger kann er in der Musth bleiben, wie unsere Amboseli-Studien gezeigt haben. Außerdem kommen die höherrangigen Bullen in den Monaten in die Musth, in denen die meisten Weibchen im Östrus sind.

Patrick hat sich eine sehr günstige Zeit gewählt, denn er ist im April, Mai und Juni in der Musth, also in den Spitzen-Östrusmonaten. Nur zwei höherrangige Bullen kommen etwa zur gleichen Zeit in die Musth, M 13, dessen Zyklus von März bis Mai dauert, und Bad Bull, der im Juni, Juli und August aktiv ist. Patrick muß also während der Musth so viele Östrus-Weibchen wie möglich finden und begatten, ohne dabei den beiden anderen Bullen in die Quere zu kommen. Um die größeren Bullen zu meiden, verläßt er sich teilweise auf ihre Signale. Ein Musth-Bulle sendet deutliche Geruchs- und Geräuschsignale aus. Er verträpfelt Urin, hinterläßt eine Duftspur, reibt seine Schläfendrüsensekrete an Bäume und Büsche und kündigt sich durch das typische laute Musth-Rumpeln an, das dank seiner Infraschallkomponenten über weite Entfernungen trägt. Es spricht viel dafür, daß ein Elefant, der diese Botschaften empfängt, genau weiß, welches Individuum die Spur hinterlassen oder das Rumpeln von sich gegeben hat. Wie der Empfänger reagiert, hängt von seinem Geschlecht, seinem Alter und seinem Fortpflanzungsstatus ab.

Ein erheblich dominanterer Musth-Bulle ignoriert das Signal vielleicht, ebenso ein Bulle in der Rückzugsphase oder ein junger Bulle, der noch nicht nicht konkurrenzfähig ist.

Folgende Doppelseite: Eine brünstige Elefantenkuh mit ihrem zweijährigen Kalb und einem hartnäckigen Verfolger im Schlepptau. Sie versucht den Bullen abzuschütteln, in der Hoffnung, einen größeren und ranghöheren Paarungspartner zu finden.

Ein mittelgroßer Bulle aus der Kategorie der „Paarungsschmarotzer" folgt der Spur oder geht dem Geräusch nach, in der Hoffnung, daß er eventuell zum Zug kommt. Ein niedrigrangiger Musth-Bulle flieht sehr wahrscheinlich in die entgegengesetzte Richtung. Ein in etwa ranggleicher Bulle geht möglicherweise dem Geräusch oder der Duftspur nach, um den anderen Bullen herauszufordern, so wie Patrick bei Lexi. Doch im allgemeinen verhindern diese Signale eher eine Begegnung zwischen zwei Musth-Bullen, die in einen lebensbedrohlichen Kampf ausarten könnte.

Weibliche Tiere reagieren anders auf die Botschaft. Sie zeigen sich häufig erregt, wenn sie die Duftspur eines Musth-Bullen entdecken, bleiben stehen und riechen am Boden, und manchmal antworten sie mit Harnen und Kollern. Wenn sie ein Musth-Rumpeln hören, antworten sie vielleicht mit dem „Weibchen-Chor", der ebenfalls Infraschall-Komponenten enthält. Da Infraschallgeräusche über ziemliche Entfernungen tragen, hilft dieser „Chor" dem Bullen vielleicht, die Weibchen zu orten. Wir sind durch unsere Studien zu dem Schluß gekommen, daß eine Leitkuh, in deren Familie sich ein Östrus-Weibchen befindet, besonders wenn es sich um ein junges Weibchen handelt, der Spur folgt oder dem Musth-Rumpeln entgegengeht, um ihre junge Verwandte einem geeigneten Paarungspartner zuzuführen.

Am 25. Mai hatten wir Glück und konnten teilweise den Vorgang beobachten, in dem das ganze Signalisieren, Suchen und Rivalisieren schließlich gipfelt. Wir brachen etwas verspätet gegen 7.00 Uhr auf, und als wir auf die Hauptstraße zusteuerten, entdeckten wir im Süden gleich neben der Straße eine Gruppe von Elefanten. Es waren die OAs und CBs, zwei Familien, die eine enge „Bond Group" bildeten, und sie hatten 11 erwachsene Bullen bei sich. Es war ganz offensichtlich „etwas im Busch". Wir fuhren näher heran und sahen, daß die beiden Familien sich mit ihrem Gefolge langsam nach Osten in Richtung Longinye-Sumpf bewegten. Die meisten Kühe und Kälber grasten unterwegs oder fraßen an den *Suaeda*-Büschen herum. Ein paar von den Bullen grasten auch, aber die meisten zeigten kein Interesse am Fressen. Unter den Bullen entdeckten wir zunächst Patrick, immer noch in voller Musth; außerdem M5 und Ed, die beide seit kurzem in der Musth waren, aber klugerweise ihre Signale unterdrückten, sowie 8 junge Bullen im Alter von 17 bis 25. Unter diesen jüngeren Bullen war auch Tolstoi, der sich manchmal zu den EBs gesellte. Die Familien hielten an einer mit langem Gras bewachsenen Stelle an und begannen jetzt ernsthaft zu fressen.

Bald wurde ein einzelnes Weibchen mit seinem Kalb isoliert und mehr oder weniger von 11 Bullen umringt. Patrick war ihr am nächsten, was niemanden überraschte. Das Weibchen war Odette, die sich drei Tage vorher sehr mißtrauisch in Gegenwart von Bullen gezeigt hatte. Es war nichts Auffälliges an der Gruppe zu entdecken. Im Vorbeifahren hätte man lediglich 13 friedlich grasende Elefanten wahrgenommen. Tatsächlich waren es dreizehn hocherregte und wachsame Tiere, die sich durch subtile Haltungen, Gesten und Lautäußerungen untereinander verständigten. Obwohl sie nicht unbedingt zu ihr hinschauten, waren alle Bullen auf Odette konzentriert. Odette war im Östrus, und sie wollten sich mit ihr paaren.

Das Verhalten von Bullen in Gegenwart eines potentiellen Paarungspartners ist außerst amüsant zu beobachten. Jede einzelne Bewegung ist unendlich behutsam, und das mit gutem Grund. Wenn ein so großes Tier wie ein Elefant einen Fauxpas mitten unter seinen 5-6-Tonner-Rivalen begeht, könnte das böse enden. Was die Elefanten an diesem Tag vorführten, glich einem Tanz im Zeitlupentempo – hier ein Schritt seitwärts, dort ein paar Schritte zurück –, und alle hielten gerade so wenig Abstand zu Odette, wie der dominanteste Bulle unter ihnen zu dulden bereit war. Es gab viel verstohlenes Geschnüffel, indem der eine oder andere Bulle höflich seine Rüsselspitze nach Odette ausstreckte, während er scheinbar in die andere Richtung schaute.

Im allgemeinen wird der Zyklus eines Weibchens durch hormonelle Veränderungen ausgelöst. In den ersten beiden Tagen zieht sie die Bullen an und erregt ihre Aufmerksamkeit, indem sie in einer typischen Weise vor ihnen davonläuft; ich nenne das den „Östrusgang". Dieser Gang artet häufig in eine Verfolgungsjagd aus, an der sich mehrere Bullen beteiligen. Kühe sind schneller als Bullen und können ihren Verfolgern entkommen, aber manchmal werden sie auch eingefangen und bestiegen. Ungefähr am dritten Tag findet ein großer Bulle das Weibchen, begattet es und geht eine Paarungsgemeinschaft mit ihm ein. Im Amboseli-Park sind es zu 90 Prozent Musth-Bullen, die eine solche Paarungsgemeinschaft mit einem Weibchen bilden und es bewachen. Odette schien sich an dieses typische Muster zu halten und war jetzt in einer Paarungsgemeinschaft mit Patrick. Er bewachte sie und hielt die anderen Bullen von ihr fern, während Odette dicht in seiner Nähe blieb und aufpaßte, daß sie nicht abgedrängt wurde. Die anderen 10 Bullen hatten keine Chance, sich mit Odette zu paaren, wenn Patrick bei ihr blieb. Aber sie waren bereit, sich bei der erstbesten Gelegenheit auf sie zu stürzen und warteten nur

Die junge Elefantenkuh Ute wird von Sleepy getestet, einem der größten Bullen in der Amboseli-Population – und hier in voller Musth. Mit Hilfe einer speziellen Drüse in seinem Maul prüft er den Hormongehalt ihres Urins, und das Ergebnis scheint sehr zufriedenstellend zu sein.

Thor, ein anderer Musth-Bulle, paart sich mit Penelope, der Leitkuh der PA-Familie. Ihre Familie eilt herbei, um sich an der geräuschvollen Paarungszeremonie zu beteiligen.

darauf, daß Patricks Wachsamkeit einen Augenblick nachließ oder daß Odette eine unbedachte Bewegung machte.

Wir folgten Odette und ihrer Familie samt Anhang zum Longinye-Sumpf, wo sie tranken und zu grasen anfingen. Ich war ziemlich sicher, daß Patrick Odette mindestens einmal begattet hatte, aber vielleicht würde er es noch einmal tun. Wir warteten mehrere Stunden, bis Odette um 13.25 Uhr selber das Paarungsritual initiierte. Sie entfernte sich im „Östrusgang“, wobei sie über die Schulter zu ihm zurückschaute. Alle anderen Männchen drängten bereits heran, bis Patrick endlich aufwachte und begriff, was los war. Er setzte sich schnell in Marsch, und gleichzeitig trat sein Penis aus der Vorhaut hervor. Da Odette offenbar genau wußte, was sie wollte, brauchte er sie nicht weit zu jagen. Als er sie einholte, legte er seinen Rüssel über ihren Rücken, und sie blieb stehen. Er stützte das Kinn auf ihrem Hinterteil ab, hievte sich auf die Hinterbeine und legte seine Vorderfüße direkt hinter ihre Schultern. Sein 1,2 m langer Penis, der sich aufgrund von speziellen Muskeln steuern läßt, hatte sich S-förmig gekrümmt. Er legte die Spitze seines Penis in ihre Vagina und stieß sein langes Organ mit einem einzigen Ruck tief in sie hinein.

Odette hielt still, und wir konnten in den 45 Sekunden, bis er abstieg, keine sichtbare Bewegung entdecken. Die Aufregung fing erst hinterher an. Odette hob den Kopf, riß den Mund auf und stieß tiefe, pulsierende Laute aus. Im selben Moment kam ihre Familie zum sogenannten „Paarungs-Spektakel“ angerannt, das heißt, sie schrien, trompeteten, kollerten und brüllten in den höchsten Tönen. Sie streckten ihre Rüssel nach Odettes Mund, nach ihrer Vulva und nach den Flüssigkeiten auf dem Boden aus, während Odette sich umdrehte und Patricks Penis dreimal mit dem Rüssel berührte.

Odettes postkopulatorisches Kollern und das „Paarungs-Spektakel“ der Familie waren weithin zu hören. Joyce und ich vermuten, daß dieses Spektakel dazu dient, noch mehr Bullen anzulocken, um die Chancen zu steigern, daß das betreffende Weibchen vom größten, dominantesten Bullen gefunden und begattet wird. Auch die Weibchen anderer Spezies signalisieren ihre „Verfügbarkeit“, aber es ist ungewöhnlich, daß ganze Familien dabei mithelfen, einen geeigneten Paarungspartner anzulocken. Odette war bereits mit einem der „besten“ Bullen in ihrer Population zusammen, und folglich waren sie und ihre Familie ziemlich erfolgreich. Aber es bestand immerhin die Möglichkeit, daß ihre Rufe einen noch „besseren“ Musth-Bullen, wie z.B. M13, anlocken würden. Doch am folgenden Tag war Odette nicht mehr im Östrus, und wir konnten ungefähr 656 Tage später, also irgendwann im April 1993, mit einem neuen Kalb in der OA-Familie rechnen.

Nachdem es uns gelungen war, das Östrus- und Paarungsverhalten der Elefanten erfolgreich zu filmen, konnten wir uns wieder den EBs zuwenden. Die EBs halfen uns, indem sie sich leicht finden ließen, aber wir hatten oft Probleme, zu ihnen zu kommen. Im Gegensatz zu unseren Erfahrungen während der Dürremonate wurden Martyn und ich sozusagen auf Schritt und Tritt von aufregenden Elefantenszenen abgelenkt. Überall stießen wir auf brünstige Weibchen, und fast jeden Tag kam ein neuer Bulle in die Musth. Wir fanden neue Kälber in vielen der Gruppen, denen wir begegneten, und die Familien schlossen sich in riesigen Herden zusammen. Zum Glück waren auch die EBs manchmal in großen Herden zu finden, und so konnten wir häufig zwei Fliegen mit einer Klappe schlagen – das heißt, bei den EBs sein und gleichzeitig das Verhalten anderer Elefanten beobachten.

Eine Woche nach Odettes Paarung wurden wir wieder ernsthaft von den EBs abgelenkt. Wir waren wie üblich bei Sonnenaufgang losgefahren, und um 6.40 Uhr stießen wir auf eine große, lockere Ansammlung von Kühen, Kälbern und Bullen, die durch das *Acacia tortilis*-Wäldchen auf die offene Grassavanne herauskamen. Es waren ungefähr 200 Tiere, einschließlich der EBs, die sich ganz hinten in der Herde aufhielten. Wir brauchten eine Weile, bis wir sie erreichten, da ich unterwegs Zählungen bei den anderen Familien vornahm. Als wir um 7.10 Uhr zu ihnen kamen, sahen wir, daß sie in der Nähe der EAs waren. Enid war von den restlichen EBs getrennt und sah ein bißchen aufgeregt aus. Mir wurde auch bald klar, warum. Evangeline von den EAs war im Östrus, wahrscheinlich noch im frühen Stadium, denn sie lief vor mehreren jungen Bullen im typischen „Östrusgang" davon. Mit neun Jahren war Enid zwar eigentlich noch zu jung, um in den Östrus zu kommen, aber möglich war es trotzdem. Auf jeden Fall folgte sie Evangeline wie ein Schatten, offensichtlich fasziniert von den Vorgängen.

Ein Musth-Bulle hielt sich in Evangelines Nähe auf, aber er bewachte sie nicht. Dieser Bulle, den wir auf ungefähr 40 Jahre schätzten, hieß Beach Ball, weil er so auffallend rund aussah. Wir waren noch kaum fünf Minuten bei der Familie, als plötzlich ein zweiter Musth-Bulle auftauchte. Es war Lexi, der Bulle mit nur einem Stoßzahn, der neulich vor Patrick Reißaus genommen hatte. Lexi war ungefähr zwei Jahre jünger als Beach Ball, aber ungefähr gleich groß. Diesmal ließ Lexi sich offenbar nicht einschüchtern. Um 7.15 Uhr, als ich gerade mit meinen Aufzeichnungen beschäftigt war, fing Enid plötzlich zu schreien

an. Ich schaute auf und entdeckte sie zwischen Lexi und Beach Bull, die sich hochaufgerichtet, mit drohend abgespreizten und gefalteten Ohren gegenüberstanden. Lexi griff Beach Bull an, und Enid schrie wieder. Ihr Geschrei zog andere Tiere an, einschließlich Emo und Eric, die mit tief gesenkten Köpfen ganz unterwürfig dastanden und die zwei Musth-Bullen beobachteten. Enid konnte sich zwischen den beiden Rivalen herauswinden und brachte sich schnell in Sicherheit.

Bullen aller Altersklassen beim Zweikampf sind kein ungewöhnlicher Anblick. Normalerweise schlingen sie zuerst ihre Rüssel umeinander, stecken sie sich gegenseitig in den Mund und befühlen den Kopf und die Stoßzähne des „Gegners", bevor sie sachte zu schieben und zu stoßen anfangen. Die Bewegungen bei solchen Übungskämpfen sind normalerweise langsam und träge, können aber manchmal auch in einem aggressiveren Gerangel und Gestoße eskalieren. Ein richtiger Bullenkampf kommt viel seltener vor und ist auch eine ganz andere Affäre, bei der viel weniger Körperkontakt besteht und dafür viel mehr taktisch herummanövriert wird.

Der Kampf zwischen Beach Ball und Lexi war offensichtlich ernst gemeint, obwohl sie sich bis jetzt noch nicht berührt hatten. Stattdessen manövrierten sie pausenlos herum, so daß sie immer Kopf an Kopf standen. Würde sich einer der Bullen zur Seite drehen, könnte ihn der andere an einer empfindlichen Stelle treffen oder ihn niederstoßen und womöglich töten. Deshalb hielten sie immer 15–20 m Abstand voneinander, während sie fortwährend einander umkreisten und ihre jeweilige Position mit den Hinterbeinen korrigierten. Wenn sie sich etwas weiter voneinander entfernten, schlugen sie auf einen Busch ein oder hoben einen dicken Holzprügel hoch und schleuderten ihn herum – manchmal nur einer, manchmal alle beide. Ab und zu kniete sich einer von ihnen hin und wühlte seine Stoßzähne in den Boden, wie um dem anderen zu demonstrieren, was er am liebsten mit ihm machen würde.

Linke Seite: Wenn zwei ungefähr gleichaltrige und gleich große Musth-Bullen aufeinandertreffen, kann es zu ernsten, bisweilen sogar tödlichen Kämpfen kommen. Solche Szenen sind ziemlich furchterregend, ganz anders als das beinahe träge Gerangel bei den viel häufigeren Übungskämpfen.

Ungefähr eine Stunde nach Enids Schrei kam es zum ersten Zusammenstoß zwischen den zwei Bullen. Sie knallten mit voller Wucht aufeinander, so daß ihre Stoßzähne klapperten und dröhnten und ein paar große Staubwolken aufstiegen. Jeder versuchte, den anderen aus dem Gleichgewicht zu stoßen, aber sie waren ebenbürtige Gegner, und so wichen sie schnell wieder zurück und nahmen ihren lebensgefährlichen Tanz wieder auf. Um 8.40 Uhr knallten sie wieder aufeinander, mit demselben Ergebnis. Danach fand Lexi einen Baumstamm und stemmte sich mit den Vorderfüßen darauf, so daß er viel größer aussah, als er wirklich war. Um 9.30 Uhr gab es den dritten Zusammenstoß. Diesmal endete es damit, daß Beach Ball sich umdrehte und davonrannte. Aber plötzlich bremste er und kam zurück. Lexi ging zu einem großen, abgestorbenen Baum hinüber und stieß und rüttelte ihn, bis er mit lautem Getöse umstürzte. Es war eine eindrucksvolle Demonstration, und ich dachte, daß Lexi gewinnen würde.

Um 10.20 Uhr tauchte ein weiterer Bulle, M 129, auf. Er schien zwar auch in der Musth zu sein, aber er war erst 33 Jahre alt, und deshalb würde er die zwei älteren Bullen nicht herausfordern. Dafür war heute sein Glückstag. Nachdem sie drei Stunden vergeblich auf den Ausgang des Kampfs gewartet hatte, ließ Evangeline ihre Verehrer im Stich und ging mit M 129 in Richtung Ol Tukai Orok davon. In diesem Moment war der Kampf für Beach Ball und Lexi vermutlich wichtiger als das unmittelbare Paarungsziel. Wenn der Kampf mit einem klaren Sieg enden würde, wären damit die Dominanzverhältnisse zwischen ihnen geklärt, und sie würden ihre Paarungsaktivitäten fortsetzen können, ohne noch einmal aneinanderzugeraten – zumindest nicht in dieser Musth-Periode.

Beach Ball und Lexi müssen ziemlich ebenbürtige Gegner gewesen sein, denn der Kampf dauerte 10 Stunden und 20 Minuten. Diese ganze Zeit über grasten und tranken die zwei Bullen nicht und entspannten sich keinen Augenblick. Sie bedrohten sich pausenlos mit Ohrenwellen und tiefen Musth-Rumplern, so daß ihre Köpfe vibrierten und dröhnten, und attackierten Bäume, Büsche und Baumstümpfe. Und die ganze Zeit vertröpfelten sie Urin. Joyce hat ausgerechnet, daß ein Musth-Bulle an einem normalen Tag bis zu 400 l Wasser in 24 Stunden verliert. Von „normal" konnte aber in diesem Fall keine Rede sein, und am späten Nachmittag müssen die zwei Bullen völlig erschöpft und ausgetrocknet gewesen sein – ich war es jedenfalls!

Um 17.35 Uhr hatte Lexi genug. Beach Ball drosch gerade einen toten Baum zusammen, als sich Lexi plötzlich abwandte. Beach Ball nahm sofort die Verfolgung auf, und der andere mußte sich wieder umdrehen. Beach Ball kehrte zu seinem Baum zurück. Da nützte Lexi seine Chance, drehte sich blitzschnell um und rannte, wie ich noch nie einen Elefanten habe rennen sehen. Er stürmte nach Süden auf den Berg zu, Beach Ball immer hinterher. Kurz bevor sie zwischen den Bäumen verschwanden, konnten wir sehen, daß Lexi Beach Ball abgehängt hatte und ihm entkommen würde. Wir hatten bis zum Schluß geglaubt, der Kampf würde unentschieden ausgehen, aber Beach Ball hat offenbar im letzten Moment ganz knapp über seinen Gegner triumphiert. Mit schmerzenden Knochen und völlig erschöpft fuhren Martyn und ich ins Camp zurück.

Der nächste Tag war der 7. Juni, unser letzter Drehtag im Amboseli-Park. Obwohl wir mit unserer Arbeit zufrieden sein konnten, waren wir beide sehr traurig darüber. Die EBs waren uns im Lauf der Wochen und Monate so sehr ans Herz gewachsen, daß uns der Abschied ungeheuer schwerfiel. Gewiß, ich konnte sie auch weiterhin sehen, wenn ich wollte. Aber es gab noch 49 andere Elefantenfamilien im Amboseli-Park, die meine Aufmerksamkeit in Anspruch nahmen, und ich würde die EBs vermutlich nie mehr so intensiv und auf so vertrauter Basis beobachten können wie bisher. Für Martyn, der nach England zurückkehren würde, war der Abschied viel härter. In den letzten 17 Monaten waren ihm die EBs genauso vertraut und lieb geworden wie mir. Er hatte zwar auch eine Schwäche für Ella, die er zierlich und hübsch fand, aber es war vor allem Echo mit ihrer sanften Würde, die er nie vergessen würde. Wie der Rest ihrer Familie hatten wir uns ganz auf Echo eingestellt, wir sprachen auf ihre Haltung, ihre Gebärden, ihre Launen an und richteten uns nach ihrem Rhythmus. In den 18 Monaten mit ihr hatte ich viel mehr über das Matriarchat in der Elefantengesellschaft gelernt als mit den herkömmlichen wissenschaftlichen Forschungsmethoden. Die Einsichten, die ich dabei gewonnen hatte, können später jederzeit anhand der exakten Datensammlung überprüft werden.

Es war ein strahlender Amboseli-Tag mit tiefblauem Himmel, und der Kilimandscharo ragte klar und völlig wolkenlos in der Ferne empor. Der Berg beherrscht nicht nur die Landschaft, sondern auch die Stimmungen der Menschen, und an diesem Tag war unsere Traurigkeit schnell verflogen. Wir fanden die EBs, als sie gerade, von Norden her kommend, die Straße zu unserem Camp überquerten. Echo ging an der Spitze, das Urbild der souveränen Anführerin, und ihre schönen Stoßzähne schimmerten sanft im Licht der Morgensonne. Außer Emo waren alle anwesend, aber wir hatten ihn am Tag zuvor noch gesehen und wußten, daß es ihm gutging. Leider wanderte die Familie in

Oben und rechts: 18 Monate lang sind wir den EBs von Sonnenaufgang bis Sonnenuntergang gefolgt und haben uns ganz in ihren Tagesrhythmus eingefügt. Wir sind ein Teil von Echos Welt geworden, und manchmal zeigte sich sogar, daß Echo und ihre Familie uns nicht nur akzeptierten, sondern unsere Gesellschaft sogar willkommen hießen. Wir haben viel von ihr gelernt: über das Leben der Elefanten, über die Rolle der Herdenführerin, über Kälberaufzucht und Überlebenstechniken. Aber auch über Geduld, Treue, Liebe und Freude – Begriffe, die man normalerweise nicht mit Tieren in Verbindung bringt.

einen großen Morast gleich hinter den Palmen hinein, wohin wir ihnen nicht folgen konnten. Deshalb beschlossen wir, noch einen letzten Streifzug durch den Park zu machen und dann zu ihnen zurückzukommen.

Am späteren Vormittag kehrten wir zum Camp zurück, mit der Absicht, uns den EBs von der anderen Seite des Sumpfs her zu nähern. Aber das war nicht nötig. An unserem letzten Tag kamen die EBs zu uns. Echo und ein Teil der Familie ruhten unter dem Baum in der Mitte des Camps. Ich zog mein Notizbuch heraus und setzte mich vors Zelt. Ich war heilfroh, daß ich aus dem Fahrzeug heraus war, denn die gestrige 12-Stunden-Sitzung bei den kämpfenden Bullen saß mir noch in den Knochen. Ich nahm gerade eine Zählung bei den EBs vor, als die EA-Familie ganz nah vorüberzog. Emeralds 89er-Baby, ein Weibchen, löste sich von der Gruppe und kam zu den EB-Kälbern herüber. Auch Ely verließ seine Familie und lief ihr begeistert entgegen. Nachdem sie sich kurz den Rüssel ins Maul gesteckt hatten, fing Ely an, das andere Kalb mit dem Kopf zu rammen. Doch sie drehte sich um und ging weg. Ely legte ihm seinen Kopf aufs Hinterteil und versuchte, auf es draufzuklettern, aber Emeralds Kalb war ein Jahr älter als Ely und ganz einfach zu groß für ihn. Ely ließ sich davon nicht beirren. Er stellte sich auf die Hinterbeine und hatte schon beinahe seine Beine auf sie draufbekommen, als sie sich vorwärtsbewegte und ihn praktisch in der Luft hängen ließ. Er machte ein paar hilflose Schritte auf den Hinterbeinen, was urkomisch aussah.

Nachdem wir in den letzten Wochen fast ausschließlich das Verhalten von erwachsenen Elefanten beobachtet hatten, waren die beiden spielenden Kälber eine willkommene und interessante Abwechslung. Elys Spielverhalten war ganz typisch für ein männliches Kalb.

Von Anfang an verlassen männliche Kälber ihre Mutter häufiger zum Spielen, und ihr Spielverhalten unterscheidet sich deutlich von dem der weiblichen Kälber. Bullenkälber veranstalten öfter Kopf-an-Kopf-Kämpfe, und ihre Spiele sind rauher und wilder. Wenn ein Kalb auf ein anderes draufklettert, kann man sicher sein, daß das Männchen obenauf ist. Weibliche Kälber beteiligen sich lieber an Wettrennen und Verfolgungsjagden und an Spielen, bei denen ein imaginärer Feind angegriffen wird. In beiden Fällen handelt es sich um Fertigkeiten, die sie später als Erwachsene brauchen werden: Die Männchen lernen Kampf- und Paarungstechniken, und die Weibchen üben Verteidigungsstrategien ein, mit denen sie später ihre Kälber und Familien beschützen werden.

Die Elefanten waren bald alle um mein Zelt herum versammelt. Ich saß auf meinem Stuhl unter dem Schutzdach, aber sie ignorierten mich völlig. Echo, Eliot, Erin, Edgar und Eudora ruhten noch immer unter dem Baum. Erin würde in ein paar Wochen ihr Kalb bekommen und war langsam und schwerfällig. Sie hatte Edgar fast entwöhnt, was ihm gar nicht paßte. Er war erst zwei Jahre und 8 Monate alt, also fast noch zu jung, um ohne Muttermilch auszukommen. Er blieb dicht bei seiner Mutter und versuchte zu saugen, sobald sie einschlief oder abgelenkt war, aber sie war auf der Hut und wies ihn jedesmal schnell zurück. Eudora stand direkt neben Echo, sie war trotz dem Tod ihrer Mutter Emily völlig in die Familie integriert. Anstatt sich an den Rand drängen zu lassen, wie ich es befürchtet hatte, hatte sie sehr feste Bande zu Echo geknüpft. Ich nahm an, daß sie bald in den Östrus kommen würde, denn ich hatte Ende Mai die ersten Anzeichen dafür entdeckt. Wenn sie in den nächsten paar Monaten trächtig werden würde, wäre Elspeth schon viereinhalb Jahre. Das war eine viel bessere Familienplanung als bei Erin.

Auf der anderen Seite meines Zelts graste Ella, während der sechs Monate alte Esau mit Ely und Elspeth unter eine Palme spielte. Elspeth legte sich hin, und Ely und Esau kletterten auf sie drauf, purzelten aber gleich wieder herunter. Die anderen „Mädchen", Edwina, Eleanor, Emma und Enid, standen in der Nähe und behielten die kleineren Kälber im Auge. Eric und Ewan hatten sich mit Ebenezer und Ethan von den EAs zusammengetan und jagten einander durch die Palmen.

Doch bald hörten fast alle Aktivitäten auf. Alle Mitglieder der EBs kamen langsam auf Echo zu. Sie bewegten sich in den Baumschatten und versammelten sich um sie. Die größeren Tiere senkten den Kopf, drapierten ihren Rüssel über die Stoßzähne und klappten träge mit den Ohren. Die kleinen Kälber plumpsten auf den Boden und waren schnell eingeschlafen. Auch ein paar von den größeren Kälbern legten sich ins Gras, wo sie sich in große graue Buckel verwandelten. Echo stand in der Mitte, umringt von ihren engsten Verwandten. Jeder von ihnen hatte eine andere Beziehung zu ihr, aber alle waren sie vollkommen abhängig von Echo, die sie mit ihrem Wissen und ihrer Erfahrung wohlbehalten durch gute und böse Zeiten geführt hatte.

Schicksalsschläge aller Art würden den EBs auch weiterhin nicht erspart bleiben. Heute jedoch war alles friedlich, alles gut.

REGISTER

(Kursive Zahlen beziehen sich auf Abbildungen)